Annemarie
Schwarzenbach

Tod in Persien

Mit ausgewählten Fotografien

Herausgegeben und mit einem Essay
von Roger Perret

Lenos Verlag

Ausgewählte Werke von Annemarie Schwarzenbach
Band 5
Herausgegeben von Roger Perret

Roger Perret, geboren 1950 in Zürich. Studium der Philosophie, Literaturkritik und Komparatistik in Zürich. Er befasst sich publizistisch vor allem mit Aussenseiterfiguren in der Schweizer Literatur. Herausgeber der Werke von Franco Beltrametti, Nicolas Bouvier, Alexander Xaver Gwerder, Annemarie von Matt, Hans Morgenthaler, Annemarie Schwarzenbach und Sonja Sekula. Herausgeber (mit Ingo Starz) des Hörbuchs *Wenn ich Schweiz sage ... Schweizer Lyrik im Originalton von 1937 bis heute* und von *Moderne Poesie in der Schweiz. Eine Anthologie.* Roger Perret wurde für seine editorische Tätigkeit mehrmals ausgezeichnet.

FSC
MIX
Papier
FSC® C083411

Erweiterte Neuausgabe
Erste Auflage 2023

Satz und Gestaltung: Lenos Verlag, Basel
Printed in Germany
ISBN 978 3 03925 022 6

www.lenos.ch

Tod in Persien

Barbara Hamilton-Wright vor dem Automobil von Annemarie Schwarzenbach auf der Fahrt von Isfahan nach Schiras, 1935

Inhalt

1. Teil

Anhang

1. Teil

Vorbemerkung

Dieses Buch wird dem Leser wenig Freude bereiten. Es wird ihn nicht einmal trösten und aufrichten, wie traurige Bücher es sehr oft vermögen, denn es ist eine verbreitete Ansicht, dass Leiden eine moralische Kraft besitzen, wenn sie nur auf rechte Weise ertragen werden. Ich habe gehört, dass selbst der Tod erhebend sein kann, aber ich gebe zu, dass ich daran nicht glaube: denn wie soll man sich über seine Bitterkeit hinwegsetzen? Er ist eine zu unverständliche, zu unmenschliche Gewalt …, und er verliert sie nur, wenn man ihn erwartet als den einzigen uns zugestandenen und unwiderruflichen Weg aus unseren Irrwegen.

Ja, um Irrwege handelt es sich in diesem Buch, und sein Thema ist die Hoffnungslosigkeit. Und wenn ein Schriftsteller auch keine andere Absicht kennt, als die Teilnahme seiner Leser zu erwecken, so ist doch eben diese Absicht hier gar nicht erreichbar: denn wir können auf Mitleid und Verständnis nur hoffen, wenn unsere Misserfolge erklärlich, unsere Niederlagen mutig erkämpft und unser Leiden die unvermeidliche Folge solch vernünftiger Ursachen sind. Wenn wir schon zuweilen grundlos glücklich sind, so dürfen wir doch keinesfalls auf die gleiche Weise unglücklich sein. Und in einer strengen Zeit wie der heutigen muss es jedem leichtfallen, sich den richtigen Feind und das Schicksal zu wählen, welches seinen Kräften gebührt.

Der Held dieses kleinen Buches ist aber sowenig ein Held, dass er seinen Feind nicht einmal benennen kann, und er ist so schwach, dass er den Kampf aufgibt, scheinbar bevor seine ruhmlose Niederlage besiegelt ist.

Aber das ist noch nicht das Schlimmste: Viel weniger wird es der Leser verzeihen, dass nirgends deutlich ausgesprochen wird, warum ein Mensch sich bis nach Persien, in ein fernes und exotisches Land, treiben lässt, nur um dort namenlosen Anfechtungen zu erliegen. Wohl ist mehr als einmal von Umwegen, Auswegen und Irrwegen die Rede, und wer heute in einem europäischen Land lebt, weiss, wie viele Menschen der ungeheuren Spannung nicht gewachsen sind – einer Spannung, die vom persönlichen Konflikt zwischen Ruhebedürfnis und Entscheidung, von der einfachen und übermächtigen materiellen Not bis zu den allgemeinsten und dennoch brennendsten Fragen der Politik, der wirtschaftlichen, sozialen und kulturellen Zukunft reicht und keinen billig entlässt. Wenn junge Menschen trotzdem billig zu entkommen versuchen – mögen sie ihre Flucht auch noch so gewissenhaft auslegen –, so tragen sie doch das Kainsmal des Bruderverrats an der Stirn.

So ungefähr steht es um das Mädchen, von dem diese Aufzeichnungen stammen. Es wurde mir klar, als ich das Manuskript fertig in den Händen hielt, dass ich eine deutliche, uns allen zugängliche Vorgeschichte konstruieren müsste: Nur so würde ich den Leser befriedigen und dem Verleger ein brauchbares Buch anbieten können. Aber gerade das konnte ich nicht tun, ohne das eigentliche Thema zu verfälschen – es wäre eine unerlaubte Konzession an unsere geistigen und moralischen Bedürfnisse gewesen.

Denn die Hoffnungslosigkeit, die schreckliche Vergeblichkeit jeder Auflehnung, die hier niedergeschrieben wurde, hat mit dem Kainsmal der Flucht, die am Anfang stehen mag, nichts mehr gemein. Nein, hier gelten unsere Massstäbe und Erklärungen nicht mehr, hier ist einfach ein Mensch mit seiner Kraft am Ende …

Ganz nahe grenzt das Unmenschliche an das Übermenschliche – und Asiens desperate Grösse ist übermenschlich: »Nicht einmal feindlich, nur zu gross.« Was bedeutet es dort, wenn ein Mensch stirbt? Und wir kennen doch keinen hilfloseren Aufschrei als dieses *»Ein Mensch stirbt!«*. Nein, keine Verfälschung soll mich entlasten und euch erleichtern: Die Gefahr ist nicht greifbar, die Furcht namenlos – das erst macht sie schrecklich –, und es gibt Wege, von deren Schrecklichkeit keine Rückkehr mehr möglich ist.

Warum sonst sterben?

Uns ist der Tod nicht natürlich, er erfüllt uns mit Ratlosigkeit. Aber die Asiaten haben ihn in ihre Religionen einbezogen als das Nichts, als das wahre Sein, als die wahre Kraft. Sie erwarten ihn ohne Spannung; unser Leben hingegen ist nicht vorstellbar ohne die Spannung, die sein eigentliches Element ist. Entrissen seiner Sphäre, entrissen unseren vertrauten Tröstungen – atmendem Antlitz, schlagendem Herzen, lieblich wechselvoller Landschaft –, muss man sich endlich preisgeben den grossen Höhenwinden, die auch unsere letzten Hoffnungen in Fetzen reissen. Wohin sich wenden? Ringsum nur Kahlheit, basaltgraue Felsränge, lepragelbe Wüsten, tote Mondtäler, Kreidebäche und Silberströme, in denen verendete Fische abwärts treiben. Wohin? Oh Ratlosigkeit, gelähmter Flügel der Seele! Da dringt nicht einmal der Ablauf von Tag und Nacht in unser Bewusstsein, obwohl der Tag glanzvoll ist und schattenlos, und die Nacht erleuchtet von kalten Gestirnen.

Man mag sich manchmal noch an Schmerzen klammern, an bitteres Heimweh und bittere Reue, aber man kennt ja die eigene Schuld nicht mehr; vergeblich besinnt man sich auf den *Anfang* (»Wer hat mich bis hier herauf geführt?«). Noch einmal anklagen dürfen, noch einmal an einen anderen Menschen sich wenden, noch einmal *lieben!* Man stürzt sich in die meerweite, meergleiche Täuschung, man glaubt und betet, und vergisst, wenn man in das geliebte Antlitz schaut, die dunkle Furcht. Aber was vermag man gegen sie?

Ach, noch einmal ohne ihre Beklemmung erwachen, einmal nicht allein und ihr preisgegeben sein! Den glücklichen Atem der Welt spüren!

Ach, noch einmal leben!

In Teheran

In Teheran war die Hitze so gross, dass sie in den Mauern zu brüten schien wie in runden Backöfen und am Abend daraus hervordrang und die engen Gassen und die neuen, breiten, schattenlosen Strassen füllte, ohne dass ein Lufthauch von aussen ein wenig Nachtkühle hereintrug. In den Gärten von Schimran blieb es kühler. Verliess man sie, so wurde man von einem weissen und zitternden Licht gleichsam überfallen, die Gebirgswand des Tauschal erhob sich in hellgrauer Durchsichtigkeit, denn wie Schleier lag davor die Hitze, verschleiert war auch der viel zu weisse Himmel, und in weissen Dunst gehüllt die Ebene. Sie war vor einem Monat noch hellgrün, gelb und erdbraun gewesen, von Wiesen, Getreideäckern und gepflügten Feldern. Jetzt war sie bare Wüste, und hinter Teheran, wo die Ruinen der alten Stadt Rhages liegen, ein auf- und niederwallendes Staubmeer. Dort, auf der Strasse nach Ghom, zogen des Nachts noch immer glockenschlagend die Kamelkarawanen …

Ghom ist eine heilige Stadt. Fährt man von Teheran nach Isfahan, so sieht man von der Strasse aus, über einem breiten Wasser, ihre goldene Moschee, aber man macht einen Umweg um die Stadt und kann ihre Basare und Höfe nicht betreten. Eine andere Goldkuppel findet sich in Schah-Abdul-Azim, dem Oasendorf neben den Ruinen – und die goldenste und heiligste ist die der Stadt Mesched, weit im Nordosten, an der uralten Strasse von Samarkand.

Als vor einigen Wochen der Schah das Tragen der – nach ihm selbst benannten – Kula Pahlewi verbot und an deren Stelle das Tragen europäischer Hüte empfahl, den Frauen aber erlaubte, den Tschador abzulegen und unverschleiert sogar auf der Strasse zu erscheinen, da hörte man da und dort von Unruhen, besonders in den heiligen Städten. Die Kula war zwar eine äusserst unscheinbare, ja hässliche Schirmmütze gewesen, die ihren Trägern das Aussehen von Missetätern und Strolchen gab – aber man hatte, immerhin, den Schirm in den Nacken drehen und so beim Verrichten des Gebets vorschriftsmässig den Boden mit der Stirn berühren können, ohne das Haupt zu entblössen. Das war mit einem europäischen Filz, einem Strohhütchen, einer Melone schlechthin unmöglich – und deshalb glaubten die Mullahs ihre Stunde gekommen und predigten in heimlichen Versammlungen und in den Moscheehöfen in aller Öffentlichkeit.

Man las in den Zeitungen, mit welchem Jubel die Bevölkerung die zivilisatorische Neuerung begrüsst habe, und Minister und Provinzgouverneure gaben Diners, bei denen die geladenen Gattinnen ohne Tschador erscheinen mussten: Am Eingang drängte sich die Menge, um das Schauspiel der ankommenden Droschken zu sehen, denen die tief beschämten und verwirrten Damen entstiegen. Während der Mahlzeit entfernten die Diener draussen in der Kleiderablage die Kulas der Eingeladenen, die dann – um nicht barhäuptig nach Hause zu gehen – beim Verlassen des gastlichen Daches einen der bereitliegenden Faranghihüte erstanden. Das war eine musterhafte, geradezu westliche Organisation! Nicht anders hatte Peter der Grosse den Bojaren die asiatischen Bärte abgenommen! Diese Bärte haben sich in Persien länger gehalten – dafür dürfen die Diplomaten Irans fortan einen Zweispitz tragen, den der fortschrittstaumelnde Westen wiederum erst seit der Französischen Revolution und gleichzeitig mit den Menschenrechten eingeführt hat: man sehe hieraus, was mehr Lebensdauer besitzt. In Ungarn müssen die Magyaren, um im Parlament sitzen zu dürfen und ihren Patriotismus zu beweisen, lange Schnurrbärte wachsen lassen und die Enden gehörig wichsen, damit sie kühn aufgezwirbelt verharren. Aber wo sollte der Schah ein Vorbild zur Einführung der guten alten Menschenrechte finden?

Wegen der Kula Pahlewi musste der Basar von Teheran während drei Tagen geschlossen bleiben. Wurde in Mesched wirklich die heilige Moschee beschossen? Man hört, dass die Soldaten sich weigerten, auf ihre Glaubensgenossen und auf das Heiligtum zu schiessen, und dass man sie durch Armenier und Israeliten ersetzte. Man nennt die Zahlen der Getöteten.

Es waren die heissesten Tage des persischen Sommers. Einige Gärten in Schimran, von allzu hohen Mauern umschlossen, von allzu dichtem Grün erfüllt, wurden dumpf und heiss wie Treibhäuser. Moskitos schwärmten über faulenden Teichen. Ich bekam zum zweiten Mal Malariafieber. Des Nachts kühlte die Luft draussen ein wenig ab, aber das Fieber stieg. Als ich den Garten zum ersten Mal wieder verliess, war die Umgebung von Teheran verbrannt. In dem einförmigen Lepra-Gelb lagen die Gärten wie dunkle Inseln. Vor mir auf dem Feldweg ging ein junger Offizier, die Schuhe und Gamaschen weiss von Staub. Er trug eine Handtasche und eine Schachtel mit seinem Helm. Ich hielt an und liess ihn einsteigen. Er lächelte, der Schweiss rann über sein verbranntes Gesicht. Wir fuhren zwischen den verdorrten Feldern, über denen die Luft zitterte, und durch den kleinen Basar von Dezaschub, der stockfinster schien – wie helle Flecke darin die Gesichter der Händler, die Kinder, die weissen Frauentücher. Der Platz von Tädschrisch war gross und leer, bis auf die Droschken mit ihren mageren weissen Pferden, die betäubt unter der Sonne standen. Ich sah den Offizier über den leeren Platz, durch das flimmernde, von

Staub gesättigte Licht davongehen. Am anderen Ende des Platzes sah ich einen Gendarmen auftauchen und mit dem Arm ein Zeichen machen, welches offenbar mir galt. Aber sicher erwartete er nicht, dass ich darauf eingehen würde: Bei dieser Hitze hatte jeder gerade genug mit sich selbst zu tun …

Dann durch das grosse Tor in einen Garten einbiegen. Dunkelheit und Schatten schlagen wie Wellen über mir zusammen. Geruch von Kühle, Erde, Laub, eine Allee und die Baumwurzel, die in den Weg vorspringt und den Wagen zur Seite schleudert, wenn man zu schnell in die Kurve fahren will. Im dritten Gang bis vor das Haus hinauf! Ich lasse den Wagen im Schatten stehen, steige aus, laufe über die weisse Terrasse, an den Doppeltüren aus feinem Moskitodraht vorüber. Aus dem Wohnzimmer hört man Klavier. Zadikka übt also noch, denke ich, hier ist alles beim alten – und atme auf, nach dem namenlosen Schrecken der Fahrt durch das offene, von der Sonne bis zum Sterben ermattete und verwandelte Land.

Zadikka ist dreizehn Jahre alt. Sie ist eines der schönsten Geschöpfe dieser Welt. Ein Band, wie ein Reif um die Stirn, hält ihr dunkles Haar zurück: zugleich altmodische Kleinmädchen-Frisur und Nubierköpfchen. Grosse, sanfte, goldfarbige Tieraugen in einem zartbraunen Gesicht. Der Ansatz der Nase ist breit, es ist, als atme Zadikka immer mit geöffneten Nüstern. Sie schnuppert begierig, und zärtlich, schmeichelnd, kindlich-entzückt ist ihre Stimme. Wie die Köpfchen von Echnatons vollendet anmutigen Töchtern, so hat auch Zadikka einen blütenhaft geöffneten, leicht vorgeschobenen Mund, ein Kinn voll kindlich-trotziger Entschlossenheit, einen sehr dünnen Hals, einen wie in leichtem Stolz und leichtem Kummer gebogenen Nacken. Sie ist kindlicher als ihre Jahre, doch weit über ihre Jahre hinaus ernst, aufmerksam, verschlossen und zärtlich. Man betrachtet sie immer aufs neue mit Hingerissenheit.

Zadikkas älteste Schwester liegt neben mir unter einem grossen Baum. Man hat uns Kissen und eiskaltes Wasser in beschlagenen Gläsern gebracht.

»Ich gehe fort«, sage ich.

»Zu deinen englischen Freunden?«

»Ja. In ihr Lager im Lahr-Tal.«

»Wann?«

»Morgen.«

Wir schweigen eine Weile. Man hörte Rufe vom Tennisplatz her, und das trockene Aufschlagen der Bälle.

»Wenn du dort oben wieder Fieber bekommst?«

Ich sah sie an. Sie hatte die Ellbogen aufgestützt, und ihr Haar fiel wie eine Fahne über ihr Gesicht. Sie war schön, aber sie hatte keinerlei Ähnlichkeit mit ihrer kleinen Halbschwester. Ich dachte daran, dass sie tscherkessisches und arabisches Blut hatte. Ich betrachtete ihr viel zu blasses, von Schwäche gezeichnetes Gesicht und den fiebrigen Glanz der Augen.

»Und du?« fragte ich.

»Ich mess mich nicht mehr«, sagte sie, »ich habe doch immer Temperatur. Aber bei mir ist es etwas anderes. Bei mir lässt sich nichts dagegen machen.«

»Das Klima ist schlecht für dich«, sagte ich.

Sie zuckte die Achseln. »Für uns alle«, sagte sie, »aber siehst du, ich kann doch nicht ins Lahr-Tal hinaufsteigen! Ich würde nicht einmal die Reise überstehen.«

»Sollte man es nicht wenigstens versuchen?«

Sie fuhr mit der Hand leicht über meinen Mund. »Lass das«, sagte sie, »du wirst dich dort oben wunderbar fühlen!«

Aufstieg in das glückliche Tal

In Abala warteten die Maultiere. Es war acht Uhr vormittags, die Sonne glitt über den Pass hinunter, uns entgegen. Hinter uns lag die Strasse, die durch die dumpfe Wüsten-Ebene von Teheran läuft, dann das erstarrte Hügelmeer hinan und auf und ab durch seine gelben Dünen bis zur Passhöhe, von wo sie sich jäh in erschreckenden Kurven fallen lässt in den Kessel von Rudahänd. Zwei Stunden im Auto, aber nun war alles weit entfernt, nun verschwand alles – vor uns ein neuer Tag!

Unser Weg führte zuerst durch ein Tal, das zwischen Hügeln eng eingebettet lag: Das Grün seiner Bachufer hatte nicht genug Raum und quoll wie über die Ränder eines Korbs, bis es mit den Feldern der Abhänge zusammentraf. Es gab einen Hain von Nussbäumen, bald darauf Reben.

Dann begann der Pass. Ich sah Claude vorausgehen, den Tropenhelm in den Nacken geschoben. Die Maultiere griffen mit ihren kleinen Hufen geduldig in das Geröll. Der Pass führte hoch hinauf, oben gab es Wind und rasche Wolken, und über der weit entfernten Ebene lösten sich die Wolken auf, und man sah nichts als das Meer von Himmel und armer Erde, die sich erstickten Atems umarmten. Wir wandten uns um: Da lag, jenseits einer Talfurche, einer jener ausserordentlichen Gebirgszüge, die aus Sand und nur aus Sand sich aufbauen, steile, breite, ständig rieselnde Halden, die an Schneehalden erinnern: jeden Augenblick könnte ein Brett sich lösen und zu Tal fahren, oder das unheimliche Rieseln sich zur Lawine verdichten. Aber den Sand krönt ein Felsenrang, silbern und unbeweglich im blauen Himmel.

Wir stiegen von der Passhöhe hinab, in das Tal, welches fast ein Abgrund war zwischen zwei Gebirgen. Unten gab es nichts, es war ein totes Tal, weit entfernt von der Welt, weit entfernt von Pflanzen und Bäumen – nur Stein statt dessen, und Glut, die sich darin festsog mit tausend Füssen. Graue Vipern, graue Eidechsen, leblos und zart aufgerollt, nur ihre Augen lebten: schwarze Nadelköpfchen, und ein Zünglein ...

Auch in den toten Mondtälern gibt es wohl da oder dort eine Quelle. Was wir fanden, war eine kreisrunde Grube, darin ein flacher Wasserspiegel, winzig bewegt wie von eines Vogels Herzschlag durch den dünnen Wasserstrahl im Sand.

Wir tranken, auf die Hände gestützt. Neben uns standen im Halbschlaf die Maultiere, und auf der steinigen Halde warteten Schafe, im Kreis, alle Köpfe nach innen gedreht und gesenkt, ihren eigenen Schatten suchend. Sie warteten auf das Ende des Tages.

Wie im Schlaf begannen wir den Aufstieg zum zweiten Pass. Jetzt sangen nicht einmal mehr die Treiber, obwohl ihr Gesang dem schlafsüchtigen Schritt der Maultierkarawanen im mittäglichen Bergwind erstaunlich gleicht.

Wir sind hoch über der Baumgrenze. Über uns Felsen, die sich in den Himmel stürzen wie Uferfelsen ins Meer. Und plötzlich sehen wir dort Kamele, Fabeltieren ähnlich, mit gereckten Hälsen sonderbar parallel den schmalen Grasbändern entlang schreiten. Sie raufen Gras im Takt und heben die Langhälse wieder im Takt. Sie bleiben stehen und sind so gross und drohend über uns, dass wir fürchten, sie würden alsbald plump durch den Himmel auf uns niederfallen. Statt dessen traben sie abwärts, mit schwankenden Hökkern, schlenkernden Beinen, und genau auf der Passhöhe begegnen wir uns. Da taucht hinter ihnen, ein Zauberbild, der Kegel des Demawend auf.

Nun gehen wir immer dem Demawend entgegen. Der Pass senkt sich sanft, führt durch eine Steinschlucht und läuft hinaus in den breiten Talgrund. Um ihn zu durchqueren, brauchen wir eine Stunde; der Demawend an seinem Ende wird nicht kleiner, er ist wie der Mond, ein glatter Kegel, von wo aus man ihn auch betrachtet. Im Winter ist er weiss: von überirdischer Wolken Weisse. Jetzt, im Juli, ist er gestreift wie ein Zebra. Man erkennt oben den leichten Schwall von Schwefeldämpfen, die dem uralten Krater des Bikni-Berges entsteigen. Die Assyrer nannten ihn so, als sie aufschrieben, dass das neue Volk der »Fernen Meder« sich bis zu seinem Fuss ausbreite – aber sie wussten nichts davon, dass er ein Feuerspeier war. Seit dreitausend Jahren schon ist er erloschen! Seit Menschengedenken!

Dieses weite Becken ist noch nicht das Lahr-Tal. Viele Täler, solche mit Namen, andere namenlos, münden mit ihren schaumigen Bächen hier ein – rückwärts verlieren sie sich in blauen Gebirgszügen. Im Grasgrund, den wir durchqueren, lagern Nomaden. Ihre schwarzen Zelte aus Ziegenhaar sind die gleichen wie in den Wüsten Mesopotamiens, im Kurdengebirge, im fruchtbaren Syrien, in Palästina; ich sehe den Weg vor mir, den ich gemacht habe: durch die alten Länder Vorderasiens ... An seinem Ende dieser Talgrund! Verbrannt, gelb! Die schwarzen Ziegen und gelben Fettschwänze ziehen darüber hinweg, eine flockige Masse, und das Geräusch ihrer tausend trippelnden Füsse hört sich an wie Windrauschen. Anders ist das Rascheln der abertausend Heuschrecken – man geht über die trockenen Halme, ihre pergamentenen Flügel und Leiber, über Lebendiges, was an eine rasch um sich greifende Feuersbrunst erinnert.

Mein Maultier strauchelt und fällt. Der Pustin gleitet über den Hals hinunter, ich springe auf die Füsse. Habe ich geschlafen? Fluchen der Treiber. Wir gehen …

Acht Stunden sind vorbei, als wir den Rand des Kessels und einen Engpass erreichen, ein Tor zwischen Felstürmen. Hinter der Wegbiegung, im Tal, stehen die weissen Zelte.

Die weissen Zelte unseres Lagers

Die Zelte stehen in einer Reihe auf der Grasbank dicht am Flussufer. Sie kommen aus Indien und heissen »Schweizer Hütten«, sind doppelt gefertigt, ein Sonnendach ist über den kleineren, mit gelbem Stoff gefütterten Innenraum ausgespannt. Vor jedem Zelt entsteht so eine kleine Schattenterrasse, da sitzt man des Vormittags mit Büchern und Schreibzeug, und der Fluss gleitet schnell und friedlich an unseren Füssen vorbei talabwärts. Unten die stetige, glanzvolle Pyramide des Demawend. Auf beiden Talseiten das graue Felsgebirge, grau: so hell, dass es fast Silber ist – und darüber, südlich, fleckenlos und unerhört heiter, der dunkelblaue Himmel.

Am Nachmittag ist das Tal weiss von Sonne. Gegen fünf Uhr, wenn wir die Angelruten hinter den Zelten hervorholen, werden die Schatten länger. Noch ist das Wasser silbrig, bald wird es schwarz sein. Noch ist es ein Vergnügen, sich auszuziehen und in den Fluss zu steigen, sich von der starken Strömung wegtragen zu lassen. Man muss sich mit den Händen an den runden, glatten Steinen festklammern ... Es gibt immer Wind auf den Uferbänken; man trocknet schnell, fühlt die Glut der Sonne im Nacken, und schaudert gleichzeitig ...

Am anderen Ufer, dem Lager gegenüber, liegt auf einem Kieshügel das Tschaikhane. Es ist, wie unsere Alphütten auf den höchsten Schafweiden am Julierpass, aus runden Steinen in den Schutz des Abhangs gestellt, so dass Dach und Halde ineinander übergehen. Dort endet der Afje-Pass, ein alter Saumpfad, der vom Tal des Djarder Rud ins Lahr hinüberführt, und von hier, um den Demawend herum, hinunter nach Mazanderan.

Wunderbar ist der Klang dieses Namens: Mazanderan – Tropenland am Kaspischen Meer. Dort herrscht Dschungel, Urwald, Feuchtigkeit, Malaria. In Gilan, der westlichen Nachbar-Provinz, werden die Reisfelder trockengelegt, und Chinesen lehren die Malaria-Bauern die uralte Kunst der Teekultur. In den kleinen Küstenorten leben die russischen Kaviarfischer.

Im Osten beginnen die Steppen, Weideplätze der Pendinischen und Theke-Turkmenen mit ihren roten und kamelhaarfarbigen Teppichen, ihren Zeltstreifen, ihren Satteltaschen. Sie züchten Pferde, siebenjährige Knirpse reiten sie im Herbst in den grossen Steppenrennen. Im Hafen Krasnowodsk beginnt die russische Bahn, ein einsamer Schienenstrang, der durch die Steppe läuft: nach Merw, Buchara, Samarkand. Da sind wir schon nah bei den lockenhaarigen Tadschiken, die oben am Pamir ihren Sowjetstaat bewohnen. Asien …

Wir, von unseren Zelten aus, beobachten das Treiben jenseits des Flusses. Maultierkarawanen biegen um die Ecke, mit Schellen und Treiberrufen. Andere kommen talaufwärts, und man sieht sie von weitem. Es kommen Esel und Reiter, manchmal Kamele. Karawanen, Nomaden, Soldaten. Die Soldaten, schlitzäugig, dunkelgebrannt, sitzen auf ihren Sätteln, strecken die Beine nach vorne und galoppieren mit verhängten Zügeln. Alle halten vor dem Tschaikhane; viele bringen dort die Nacht zu.

Am Fluss, wo viel Gras wächst, weiden die Tiere oder wälzen sich auf den Sandbänken. In der Dunkelheit sehen wir drüben ein rotes Feuer: Es füllt die Türöffnung des Khans, wo die Männer um den Samowar sitzen …

Erinnerung an Moskau

Anfang August. Vor einem Jahr war ich in Russland. Es war heiss, die Strassen von Moskau glühten, immer waren weisse Wolken am Himmel, und über dem Flugplatz kreuzten die Flieger, taumelten und fingen sich, wie Segler vor dem Ausbruch des Sturms. Fallschirmspringen erregte die Jugend; aus fünftausend, sechstausend Metern warfen sich die Springer in die schwindelnde Leere, liessen sich fallen wie Steine und sangen dazu, um vom Luftdruck nicht getötet zu werden. Fetzen ihres heroischen Gesangs drangen bis zu uns. Dann, schon ganz tief, schon bei den silbernen Spitzen der Radiotürme, rissen sie den Schirm auf und kamen langsam zur Erde. Wie lang dauerte es? Minuten? Man sah sie fallen, entsetzlich langsam, und dann schweben. Alles im Bruchteil einer Sekunde. Eine siebzehnjährige Arbeiterin sprang aus dreitausend Metern ab und wurde getötet. Man fand sie nachher, die Hand in ihren Schulterträger verkrampft statt in die Leine, die den Schirm hätte öffnen sollen. Würde sie zur »Heldin des Volks« ernannt werden?

Ehrgeiz peitschte die Jugend, die in weissen Kitteln oder in den öligen Anzügen der Metroarbeiter die Strassen füllte. Bis spät in die Nacht. Am »Tag der Jugend« dauerte es zehn Stunden, bis sie alle über den Roten Platz gezogen waren. Und jeden Tag drängten sie sich vor dem Kongresssaal und in den Gängen des alten Adelshauses, um die Dichter zu sehen. Zuerst Gorki, dann all die Jungen. Und man verlangte von ihnen: Bücher über Russland, über die Matrosen, über die Flieger, über die Wissenschaftler, Metroarbeiter, Kolchosenarbeiter – über die Frauen, die Schulkinder, die Fallschirm-Helden. Es konnte einem angst werden um die Kunst ...

»Was wollen Sie in Persien?« fragte mich Malraux. Er kannte die Ruinen der Stadt Rhages. Er kannte auch die Passion des Ausgrabens. Er hat über die menschlichen Leidenschaften scharf nachgedacht und durchschaute sie, war geneigt, sie geringzuachten bis auf das, was von ihnen schliesslich blieb: das Leiden. Er fragte: »Nur um des Namens willen? Nur um *weit weg* zu sein?« Und ich dachte an Persiens entsetzliche Traurigkeit …

Ich war damals oft mit Eva zusammen. Ihr Mann war Mitglied der Partei, sprach streng und leidenschaftlich von der Notwendigkeit, auch in der modernen Zeit und gerade heute für eine Gemeinschaft zu kämpfen, welche die Gesellschaft der Zukunft sein würde.

Er nannte sich »Genosse«, Towarischtsch, und war doch so einsam unter ihnen, wie eh und je ein Mensch von ausserordentlichen Gaben abseits stand und sich sehnte, aufgenommen zu werden. Er war Jesuitenzögling gewesen, hatte, bitter enttäuscht, das »credo quia absurdum« verworfen, hatte hohe geistige Befriedigungen aufgegeben und den Kompromiss abgelehnt, der sich mit den Mängeln der Welt abfindet, indem er sie negiert, die Massen in leidendem Gehorsam hält, ihren Glücksanspruch in das Jenseits verweist und selbst den revolutionären Impuls der Jugend (der ein ewiger Garant des Fortschrittsgedankens der Menschheit ist) durch kämpferische Disziplin und Idealisierung des Opfers irrezuführen und in den Dienst der herrschenden Verhältnisse zu stellen weiss. Dies alles hatte er verworfen, angesichts der Gewalt und Dringlichkeit der Not und der Missstände, der wachsenden Reaktion, des Leidens seiner Mitmenschen.

»Haben Sie Spenglers ›Jahre der Entscheidung‹ gelesen?« fragte er, »so viel Gescheitheit, so viel Voraussicht … aber warum stellt sich dieser ›tapfere Pessimist‹ so unbedingt auf die Seite der sterbenden Welt? Warum hasst er alles Neue und Kommende, alles, was sich in Geburtswehen und Jugendnöten befindet? Den Arbeiter, den Weltteil Asien, seine zum geschichtlichen Bewusstsein erwachenden Völker? Warum sollen die wenn auch noch so konstitutionellen Monarchien, welche den tragischen Umbruch der Geschichte trotz ihres Offizierskorps nicht aufhalten können, allem Neuen vorgezogen werden? Er ist starr, eitel und liebedienerisch dem Teil der Welt ergeben, welcher herrscht – wir aber, eine Generation, die zum Kämpfen und Sterben bestimmt ist, wollen wenigstens auf der Seite der Zukunft sein.«

Er arbeitete Tag und Nacht. Erschöpft, abgemagert, lodernd von innerem Feuer, glich er einem militanten Mönch, zuweilen einem Gelehrten. Er war bürgerlich gekleidet, trug achtlos dunkelblaue Anzüge, eine Krawatte. Seine Frau war zart, blond, still, von Heimweh verzehrt. Sie war auf einem Bauernhof in Holstein aufgewachsen, und dort hätte sie ihr ganzes Leben bleiben sollen, mit jüngeren Brüdern, und beschäftigt mit Früchteeinmachen, Backen, einem Hühnerhof und einem grossen Blumengarten. Ihr Mann würde jetzt sechs Monate nach Sibirien fahren – sie fürchtete sich davor.

»Was willst du«, sagte er (wir sassen zu dritt beim Nachtessen), »die Revolution ist kein Spass und wird nicht auf Dichter-Kongressen gemacht.«

»Kannst du mich nicht mitnehmen?«

»Unmöglich. Du würdest mich nur stören.«

»Dann vielleicht – in die Schweiz?« fragte sie schüchtern.

»In die Schweiz«, wiederholte er böse, »nach Ascona, zu Freunden – warum nicht gleich nach Deutschland? Ist *das* dein Ernst?«

Sie weinte.

Er wandte sich an mich. »Können Sie es Eva nicht klarmachen?« fragte er. »Ich möchte, dass sie in Moskau bleibt, als Arbeiterin in eine Weberei eintritt. Erklären Sie es ihr doch: Ich kann es vor den Genossen nicht verantworten, eine Frau zu haben, die zum Vergnügen nach Ascona reist. Ich muss eine Frau haben, die das Ihre tut.«

»Sie hat Heimweh«, sagte ich.

»Und Sie?« fragte er hart, »haben Sie etwa kein Heimweh? Warum haben *Sie* ein unbequemes Leben gewählt?«

Er ging weg, zu irgendeiner Nachtversammlung. Eva und ich blieben am Tisch sitzen. Sie denkt an Holstein, dachte ich, an eine Weide in Holstein mit geflecktem Vieh, an Johannisbeersträucher. Und ich: an ein Seeufer zu Hause ...

Eva hatte aufgehört zu weinen.

Eines Tages befand ich mich, allein, auf einem kleinen russischen Dampfer auf dem Kaspischen Meer und landete am nächsten Abend in Pahlewi. Es regnete. Ein Seeadler hockte auf dem regengepeitschten Sandstrand und sah über das Meer hinweg. Es war September, der Sommer war zu Ende, und auch Russland war zu Ende: Ich hatte die Weinberge, die grünen Hügel von Georgien verschwinden sehen, und da war die Halbwüste zwischen Tiflis und Baku, die Rückkehr Asiens, weit draussen eine Karawanenspur und die ersten Kamele ...

Die grusinische Heerstrasse schon nichts mehr als Erinnerung. Die Schluchten mit kühlem, brausendem Wasser, und die hohen Felsränge, dahinter, aus Wolken plötzlich in den blauen Himmel tauchend, die Spitze des Kasbek. Die Sommerabende in den Dörfern ...

Ein Freund holte mich in Pahlewi ab. Wir fuhren dem Strand entlang, so nah am Wasser, dass zuweilen eine Welle unter die Räder rollte und wie eine Fahne hoch aufsprang. Der feuchte Sand war schwer, wie Schnee. Es wurde dunkel, hinter den Dünen lag, voll Nebel und Dämmerung, der Dschungel von Rescht. Aus dem Nebel glühten Feuer, in offenen Hütten, wo unter den tiefen Strohdächern die Bauern von Gilan sassen – man sah ihre gespensterhaft bleichen, von der Malaria heimgesuchten Gesichter neben den rötlichen Lampen. Der Wind ging durch die Bäume, die im Sommer dürr geworden waren und nun ihr Laub abwarfen. Die Basargassen der Dörfer waren erleuchtet: Da brannte in jedem Laden eine Lampe, die Bäcker standen im Schein ihrer runden Öfen und warfen die leicht gebräunten flachen Brote auf ein Tuch zum Trocknen. Es gab Melonen und Auberginen zu kaufen, violett und dunkelgrün, und hundert Gemüse und Gewürze. Es gab Wodka und Arak in weissen Flaschen. Die Händler hockten still hinter ihren Körben.

Wir brachten die Nacht in Rescht zu. Am nächsten Tag hörte es nicht auf zu regnen. Wir fuhren durch das Tal des Sefid Rud und den grossen Pass von Kaswin hinauf. Drüben lag die Ebene und in einer Oase die Stadt Kaswin. Hinter ihrem bunten Tor dehnte sich die Ebene aus, bis hinunter nach Teheran.

Ende der Welt –

Wir nennen dieses Tal manchmal: Ende der Welt, weil es hoch über den Hochflächen der Welt ist und nicht mehr höher führen kann ausser ins Überirdische, Unmenschliche, das den Himmel berührt – ausser zum glatten Kegel des Riesen. Er versperrt den Ausgang des Tals, aber wenn man ihm näher auf den schneegestreiften Leib ruckt, ist er, so fern wie der Mond, doch ein herrlicher Anblick.

Ich sagte: Tal-Ausgang – also muss es doch irgendwo hinunterführen? Sein Wasser irgendwo hinabfliessen? Die Hirten zeigen mit der Hand: rechts um den Fuss des Demawend herum. (Wie gross mag sein Fuss sein? Ob dort unten, wo das Wasser fliesst, im Inneren noch Feuer ist und flüssiges Gestein kocht?)

Ja, hinunter führt das Tal nach Mazanderan. Zuerst in die grünen Alpmatten. Dann durch den Wald, der bald Urwald wird: Bären, Wölfe, Panther und Wildkatzen hausen dort. Dann der Tropen-Dschungel, die Düne. Endlich der Kaspisee, grau zwischen Wind-Ebenen. Die Dörfer sind verzaubert, Tierschädel bleichen an den Hängen, ein Bannkreis umgibt sie, eine grosse Windstille. Aber im Schutz der Dünen, die sie wie ein Wall vom Meer abschliessen, ahnt man das unruhige Rauschen, und darüber die Schreie der Vögel, die ostwärts in die Steppen ziehen …

Das Lahr-Tal verliert sich, wo der Fluss kleiner wird, sich in verschiedene Arme teilt, in den Schwarzklippen. Die Arme treten noch einmal in eine Ebene hinaus, einen weiten Kessel, wo Nomaden ihre Zelte aufgeschlagen haben. Am Abend liegt das Wasser still, spiegelnd, wie Silber, Adern in der von Schatten bedeckten Grasfläche. Dahinter türmen sich die Felsen. Ach hinaufzusteigen! Zu schauen über das Dach Asiens und seine Randgebirge und Abstürze! Hinunter den Pass der Alten Frau, zur Bläue des Persischen Golfs, zu seinen engen Hafenstädten: Bender Bushire und Bender Abbas. Dort zerfallen die Konsulate der Europäer, und ein englischer Beamter, allein zurückgeblieben, geht abends, gegen sieben Uhr, in die Bar eines Hafenhotels, sitzt, zwischen den Schmugglern und Hafenpolizisten, im weissen Abendanzug und trinkt seinen Gin-Wermut. Es ist heiss dort unten. Die Schiffe, die anlegen, haben Purpursegel. Manchmal sieht man ein Feuer am schwarzen Horizont und glaubt, ein Schiff sei in Brand geraten. Aber es ist nichts als der aufgehende Mond. Manchmal kommen Sandstürme und suchen die in der Hitze siechende Küste heim – vier Stunden vorher jagte derselbe Sturm durch Indien, wurde in Karachi gemeldet, flog über die Sandwüste Belutschistans. Wie Schnee liegt nun der Sand in den Häusern von Bushire. Draussen warten die Bakhtiari in ihren Bergen, und die Araber, die Kufija um Mund und Ohren gebunden. Sandhosen wandern in fürchterlicher Eile durch die Nacht, ganze Hügel erheben sich und stürmen dahin. Tiere bleiben erstickt auf der Strecke, Gazellen, die schönen Augen gebrochen …

»Und er blickte über die Schönheit der Welt« – draussen, an der letzten Strasse, die sich in das Meer auftut, liegt die Insel Ormus, einst eine Kostbarkeit, welche die Portugiesen verteidigten. Die Ruinen, Quader im dichten Gestrüpp, erinnern an die Festungen und Kirchen Mexikos. Aber weit weg davon, in der Hochebene, die Berge wie grosse Schiffe umsegelnd, stehen immer noch die Säulen von Persepolis. Die königliche Terrasse erhebt sich in halber Höhe des Gebirges und ist ein Trümmerfeld von erhabener Vergänglichkeit. Manchmal liegt Schnee. Oben, über den

Gräbern der Achaimeniden, gibt es Scharen von Steinböcken und Mufflons mit gedrungenen Leibern und starken, wie Locken rückwärts geschlungenen Hörnern. Nachts hausen Wächter in den Grabkammern, und die Flammen ihrer Fackeln, wenn sie die hohen Wände hinabgleiten, machen die Reliefs lebendig: Geisterzüge von Jägern, Hirten, Tributträgern und Königen.

Unten, in der mondweissen Ebene, schlafen die grossen Hirtenhunde und die flockigen Schafherden. An der Strasse nach Schiras steht ein bescheidenes Tschaikhane aus ungebranntem Lehm; Lastwagen füllen den Hof und Stapel von Benzinkannen. Dort sitzen Chauffeure, Arbeiter und ein Opiumraucher. Sie sehen zu der Terrasse empor, wo einst die Paläste ihrer Könige standen. Alexander, nach einem Festmahl, betrunken, verliebt in die Schätze der Bibliothek des Dareios und sie hassend, liess die Paläste anzünden. Es war wie ein Weltuntergang, als das von gewaltigen Säulen und Tierleibern getragene Dach einstürzte. Rauch und Flammen wurden vom Bergwind aufgehoben und als düstere Wolke über die Terrasse in die Ebene hinausgetragen. Am Schauspiel der Zerstörung erfreute sich der Jünglingskönig; seine Soldaten, in zuchtloser Gier, eilten schattenhaft durch die Flammen, raubten und rafften an sich, und wurden unter niederbrechenden Balken erschlagen …

Die Bewohner dieses Landes sind so entsetzlich einsam! Man müsste Siebenmeilenstiefel tragen, um von einem Dorf ins Nachbardorf zu gelangen, und was sie trennt, ist Wüste, Fels, irgendeine Art von Ödnis. Im dreizehnten Jahrhundert kamen die Mongolen aus den Ebenen Asiens und überfluteten die persischen Städte. Arabische Schriftsteller erzählen, dass man allein in der blühenden Stadt Rhages eine Million Menschen erschlagen habe. Im Gebirgsdorf Demawend flüchteten die Bauern in die Moschee, es half ihnen nichts, die mongolischen Reiter jagten durch die Gassen und erschlugen alles. Sogar Alamuth fanden sie, die Burg des »Alten vom Berge«, die im Elbursgebirge verborgen auf einem Felsen liegt und von wo der Ismaelite seine haschischessenden Jünglinge als Assassinen hinunterschickte, um ihre Mordaufträge auszuführen: bis über die Wüste, bis in die Kreuzritterstadt Antiochia, bis nach Ägypten. Die Burg Alamuth war schon eine Legende geworden, nur mit Strickleitern konnte man auf den Felsblock gelangen – aber die Mongolen fanden den Weg und schleiften sie.

Damals flohen die Leute aus dem flachen Land ins Gebirge – wie zur Zeit, als das Schwert des Islam Persien heimsuchte –, und in den letzten Tälern haben die Dörfer persische Namen, und ihre Bewohner haben sich weder mit Arabern noch mit Mongolen vermischt. Hohe Gebirgsränge trennen sie von den anderen. In der Ebene sind es die leeren Halbwüsten, gewellte Mondländer, die unter dem wandernden Licht in Bewegung geraten wie das Meer. Und endlos, endlos gerade, läuft die Strasse hindurch. Auf einem Hügelrücken, weit unten im Süden, liegt die Stadt Jäzdi Chast, umzingelt den Kamm Haus an Haus wie eine Burg und schickt den Schatten ihrer phantastischen Silhouette in die Ebene hinab. Aber die Häuser sind baufällig, das Mauerwerk bröckelt zwischen den Holzbalken, und der Wind pfeift durch die leeren Fenster. Rings um den Felsen und die Stadt läuft ein breiter, hellgrüner Grasstreifen, wo Schafe weiden: ein bisschen Lieblichkeit.

Das sind die Leute der Dörfer, der Hochebene, der Dünen und Sümpfe von Mazanderan, der Hafenstädte am Golf. Das sind die Nomaden der Bakhtiari-Berge, die Hirten, die Pferdezüchter in der Turkmenensteppe, die Kaviarfischer.

Das sind die Bauern und Händler im Basar und die Handwerker: Bäcker und Kupferschmiede, Lackmaler, Teppichwäscher. Das sind die Treiber der Karawanen, die Lastwagenführer. Die Arbeiter und Soldaten. Die Bettler. Ich fragte einmal in Moskau, warum man in Iran, einem Nachbarstaat, keine kommunistische Propaganda betreibe. Die Perser seien doch das ärmste aller Völker …

»Es ist unmöglich«, sagte man mir, »die Leute dort haben untereinander keinen Zusammenhang, kein gemeinsames Bewusstsein. Sie sind so allein, dass sie ihre Armut und ihr Elend nicht einmal kennen. Sie wissen auch nicht, dass man besser leben kann, und glücklicher; sie glauben, dass Gott jeden einzelnen mit seinem Unglück geschlagen hat.«

Aber viel einsamer als Jäzdi Chast und die einsamen Gebirgsdörfer und die Zelte der Steppennomaden, viel einsamer noch ist das Lahr-Tal: schon über dem Menschlichen, wie über einer Baumgrenze – und die Nomaden und Maultiertreiber, die im Sommer durch das Tal ziehen, verlassen es nach wenigen Monaten, und der Schnee deckt es zu.

– und ein Mensch am Ende seiner Kraft

»Erinnerst Du Dich unserer ungestörten Stunden,
wo wir und wir nur umeinander waren? –
Das war Triumph! beide so frei und stolz
und wach und blühend und glänzend
an Seel und Herz und Auge und Angesicht,
und beide so in himmlischem Frieden nebeneinander!«
Hölderlin

Was geschieht aber, wenn ein Mensch am Ende ist mit seiner Kraft? (Es ist keine Krankheit, kein Schmerz, kein Unglück, es ist schlimmer.) Er sitzt eines Vormittags vor seinem Zelt und sieht über den Fluss hinweg. Drüben stehen die Maultiere im tiefen Ufergras. Ein wenig Wind biegt es, wie ein Ährenfeld, und trägt den Rauch aus der Tür des Tschaikhane zum Pass hinauf. Die Pferdehüter des Schahs kommen auf ihren weissen und scheckigen, abgehetzten Pferden von den Weiden her und treiben sie mit Geschrei im Galopp über die Kiesbank. Die Sonne ist schon stark, weiss und mittäglich. Es ist, als trage der Wind sie vor sich her wie Wolken oder Staubgarben. Die Augen werden müde vom Hinüberschauen. Grauer Fels, Basalt im Blau, hoffnungslos schmerzhaft. Sieht man lange auf das schwarze, schnelle, gebrochene Wasser, wird einem schwindlig, und man fühlt so etwas wie Furcht.

Aufstehen, denkt man, den schmerzenden Rücken aufrichten. In den Nachmittagsstunden, wenn man im warmen und halbdunklen Zelt auf dem Feldbett ausgestreckt ist, merkt man, dass es kein Ausruhen gibt. Und dann der aussichtslose Schrecken der Nachtstunden! Es wird ja vorbeigehen, und ein anderer Tag wird beginnen, mit grauer, gelber, goldener Dämmerung, und die wunderbare Verwandlung des Flusses wird beginnen: des Nachts ein Mondstrom, schwarz und doch wie ein Spiegel, alles weit verzweigt, flach, so dass die Hügel sich verziehen und die Felsen zur Seite weichen; weit, weit ausgebreiteter Mondfluss, in dem die Fische schlafend gleiten – oder verendet? –, die Bäuche aufwärts gekehrt.

Am Tag: schnelles Gebirgswasser, silbern über Steinen, mit Sonnenflecken. Ein anderer Tag!

Aber was beginnen? Gab es nicht, gestern noch, tausend Dinge zu tun? Über Wiesen gehen und den Fluss abwärts treiben, im Fels klettern, den rauhen, brennenden Stein in den zerschürften Händen spüren; weiter Blick über das Tal mit seinen Hirten und Herden und Nomadenzelten, seinen hundertfünfzig Pferden, seinen weissen Sandbänken; schwebend leichte Wolke (oder Rauch) um den Demawend, Schlaf und Traumwärme, und während der Abendstunden den Fluss entlang waten und die Leine auswerfen. Das war Leben!

Was soll sich, seither, verändert haben? Man hebt langsam die Hand und ballt sie zur Faust. Unmöglich, die Faust zu ballen. Flau ist das, schal, und die entsetzlich ermattende Krankheit der Lustlosigkeit, schlimmer als Malariafieber, ist schon im Rücken, in den Knien, im Genick. Die Hände werden feucht, sprechen kostet zuviel Überwindung. Aufstehen und gehen! Schnelles Herzklopfen, und man geht dem Ufer entlang, schneller, um nicht der Versuchung zu erliegen, sich auf den Boden zu werfen und zu weinen vor Mattigkeit und Trostlosigkeit. Ach, man wird ja nicht weinen. Es ist ja viel, viel schlimmer. Man ist allein.

Wind und Berge ringsum sind nicht einmal feindlich, nur zu gross. Man ist nur verloren darin, und alles ist sinnlos, und die Anstrengungen werden vom Wind weggetragen … Ob man fliehen könnte, denkt man, und es ist nur noch Selbsterhaltung, dass man sich zwingt, weiterzugehen. Man beginnt die Namen der Menschen zu stammeln, die man zu lieben meint. Entsetzlich, wie auch sie weggetragen werden, ihr Antlitz in Fetzen zerrissen, ihre Augen blicklos, ihr Körper weit, weit entfernt, unangreifbar, verloren … Nein, denkt man, plötzlich zum Letzten entschlossen – das kann nicht mehr dauern, keine Viertelstunde, man muss etwas finden, man muss Abhilfe schaffen, und greift mit den Fäusten in den Gürtel, in die Hüften, presst sich zusammen, schüttelt sich. Plötzlich merkt man, dass man die ganze Zeit, während man lief, die Kiefer aufeinandergebissen hatte. Man ist schweissüberströmt, atemlos, doch schon wieder mit der Angst im Herzen, fast ist es schon Übelkeit, und man ist am Ende, am Ende –

Man kniet, halb ausgestreckt, im Wind. Es wird immer so weitergehen, denkt man, immer. Mutter, denkt man (wie der Name zum Weinen verhilft!) – ich habe irgend etwas, ganz am Anfang, falsch gemacht. Aber nicht ich war es, sondern das Leben. Alle Wege, welche ich auch ging, welchen ich auch entging, endeten hier, in diesem »glücklichen Tal«, von dem es keinen Ausweg mehr gibt, und welches deshalb schon dem Ort des Todes ähnlich sein muss. Abendschatten füllen es, sanft gleiten sie von den letzten Bergen herab und bedecken die Abhänge und die schlafenden Herden, die wie Flaum daran haften. Und sanft im Nachtlicht treten Gipfel und Kämme hervor, einer nach dem anderen: Welt-Ende-Kulissen.

Man steht auf, ein wenig getröstet. Schüchtern denkt man an Möglichkeiten, die in einer Art von Nebel, in grosser Ferne ausserhalb dieses Landes liegen. An mildere

Gegenden, mit grünen Hügelzügen, blauen Seen, weissen Segeln, Heiterkeit, auch an Städte, Blick aus dem Fenster in belebte Strassen, Schiffspfeifen in Häfen, dunkle Weinstuben in einer Kleinstadt, eine Strasse, die über Hügel und dem Seeufer entlang heimwärts führt. Schüchtern und leidenschaftlich sucht man nach einem Gesicht, welches von Wärme angefüllt zur Rückkehr ins gläubige, tief atemholende Leben verhelfen wird. Ach, eines Tages wird einem doch geholfen werden …

Und auf dem Rückweg – man hat jetzt den Talwind hinter sich – vermeidet man es, dem Fluss entlang zu gehen; man fürchtet sich davor, dass man an den Bänken, wo das Wasser tief und dunkel ist und langsam fliesst, hinabgleiten könnte und das Gesicht so lange ins Kühle pressen, bis jede rastlose und schmerzende Empfindung vorbei sein würde. Man folgt dem Maultierpfad und hält den Blick auf die Zelte gerichtet.

Der Engel (für Cathalene Crane)

In derselben Nacht betrat der Engel mein Zelt. Ich sah, von meinem Feldbett aus, wie er den Vorhang zurückschlug und eintrat, ohne sich zu bücken, obwohl schon für mich, für meine sterbliche Grösse, die Öffnung zu niedrig war. Er stand im Schatten, doch sichtbar.

»Ich bin zurückgekehrt«, sagte ich.

Er stand dort, ich weiss nicht einmal, ob er mich anblickte. Eher war wohl sein Auge noch draussen, in der Nacht des Gebirgstals, und sein Schimmern war dasselbe, welches sanft die schneeige Höhe des Demawend umlagert.

»Es war schwer genug«, sagte ich zögernd.

»Ja«, sagte der Engel, »es war furchtbar schwer: denn ich habe mit dir gerungen.«

Da erinnerte ich mich, dass ich mit dem Engel gerungen hatte um mein Leben, das ich für verloren hielt.

»Ich hatte eine fast unbezwingbare Lust«, sagte ich, »das Ufer hinabzugleiten und mein Gesicht in das dunkle, kühle Todeswasser zu pressen. Ja, ich wollte sterben.« Ich sah, dass er nickte, und fuhr fort: »Das war aber nur die letzte Versuchung, nicht die schlimmste. Ich ging von den Zelten weg, als ich es nicht mehr ertragen konnte ...«

»... als du glaubtest, es nicht mehr ertragen zu können«, verbesserte mich der Engel.

»... und ging durch das hohe Gras, welches am Flussufer wächst, und durch das niedere Heuschreckengras, und über die Weiden. Der Wind blies mir ins Gesicht, und ich wollte mich abwenden und zu Boden werfen und nichts mehr wissen. Fast hätte ich es getan ...«

»Aber du gingst weiter.«

»Aber ich ging weiter, und der Wind blies mir ins Gesicht. Ich ging über die Hügelkämme und wich den Kamelen aus, die dort grasten. Auch den Hirtenhunden wich ich aus.«

»Mir konntest du nicht ausweichen«, sagte der Engel.

»Dann durchquerte ich den Talgrund. Hast du gesehen, wie ich die Zähne aufeinanderpresste und die Fäuste in den Gürtel stemmte, und dass ich nicht schrie und nicht weinte?«

Er antwortete nicht. Ich hörte nur den Wind, der an den Seilen und an den Zeltwänden zerrte.

»Und dann?« fragte der Engel.

»Dann kam ich an einen Hügel, der mir zuerst unerreichbar fern schien. Es war ein Ruinenhügel aus alter Zeit. Inzwischen hatte schon der Schatten die Ebene erreicht, die Sonne lag auf fernen Bergen, sehr glanzvoll, aber mich schauerte.«

»Was tatest du auf dem Hügel?«

»Ich bückte mich, denn es gab Scherben und Bruchstücke verbrannter Ziegel. Ich hob sie auf und betrachtete sie, und dann ging ich bis zur Mitte des Hügels, wo ein früherer Räuber – oder ein Wissensdurstiger – einen Trichter ausgehoben hatte, dort sah ich Grundmauern einer alten Befestigung ...«

»Mich sahst du nicht?« fragte mild der Engel.

Ich schwieg. Mit geschlossenen Augen und gelähmten Gliedern lag ich auf dem schmalen Bett und lauschte. Ich fühlte mein Herz schlagen, unnatürlich rasch, und fühlte, auf einmal, die Schmerzen in meinem Rücken, die Mattigkeit in meinen leicht gebogenen Knien, die feuchte Schlaffheit in meinen Händen. Ich fühlte, dass der Schlaf weit weg war und dass der Wind, im Talkessel gefangen, an den Wänden meines Zeltes riss.

»Lieber Engel«, sagte ich, »lieber Engel, hilf mir!«

Von Angst erfasst, öffnete ich die Augen.

Er stand mitten im Zelt, das sanfte und glanzlose Licht der Demawend-Wolke floss um seine Gestalt.

»Auf dem Hügel«, sagte er, »begann ich, mit dir zu ringen. Ich sah deine Schmerzen. Ich sah, wie du dich quältest, gegen alle Vernunft, und deine allerletzte Hoffnung auf ein Wunder gestellt hattest. Was fehlte dir?«

Vor dieser entsetzlichen Frage verstummte ich, und mich befiel die alte ausweglose Hoffnungslosigkeit.

»Ich weiss nicht«, sagte ich.

Aber er forderte mich nicht auf zu beten oder mich ihm anzuvertrauen, wie das die Menschen, Priester und Ärzte zu tun pflegen.

Er näherte sich mir. »Ich sah dich«, sagte er, »wie du über die Hügelkämme stiegst und durch den Talkessel liefst, und ich sah wohl, dass du mit deiner Kraft am Ende warst. Wenn du noch einen Grund gehabt hättest, einen Grund vor den Menschen und einen Grund unter deinen armen Füssen. Aber ich sah wohl, dass du nichts mehr entgegenzusetzen hattest und dass du deswegen sterben wolltest.«

Er neigte sich zu mir. »Denn du bist schwach«, sagte er, »der Schwächsten einer, aber du bist aufrichtig. Und da beschloss ich, mit dir zu ringen, um dich aufzurichten aus deiner Todesangst.«

»Ich hatte keine Angst«, sagte ich leise.

»Deine Angst«, sagte der Engel, »war so gross, dass du dein Gesicht verbergen wolltest, im hohen und im niedrigen Gras, und im dunklen Todeswasser.«

Da schwieg ich.

»Glaube nicht, dass ich dir irgend etwas erleichtern kann«, sagte der Engel.

Ich seufzte tief.

»An was denkst du?« fragte der Engel, der so nahe vor mir stand, dass ich ihn leicht hätte berühren können.

»Ich denke«, sagte ich, »wenn du mir nur erlauben wolltest, dich zu berühren, dann wäre mir schon ein wenig leichter. Wenn ich nur meine Hand ausstrecken dürfte!«

»Du kannst dich ja nicht bewegen«, sagte der Engel freundlich, »du bist ganz und gar hilflos und preisgegeben, den Engeln dieses Landes, welche furchtbar sind. Mach dir keine falschen Hoffnungen. Auch dass ich mich entschlossen habe, mit dir zu ringen, bedeutet noch nichts. Erinnerst du dich, wie du dich auf dem Hügel, die Hände voller Scherben, aufgerichtet hast? Du meintest: gegen den Wind, und gegen die Abendkälte. Aber du hast dich an mir aufgerichtet, und dann liess ich von dir ab, und gestärkt, wenn auch nicht getröstet, gingst du durch den Talkessel zu den Zelten zurück.«

»Ich habe die ganze Zeit darauf achtgegeben, nicht in die Nähe des Flusses zu geraten.«

»Hingst du also wieder am Leben?«

»Nein«, sagte ich. »Der Wind zerriss die Gesichter derer, die ich zu lieben meinte, in Fetzen.«

»Ich bin nicht hergekommen, um dir irgend etwas zu erleichtern«, sagte der Engel, »nicht *dazu.* Ich wollte nur nach dir sehen. Ich wollte sehen, ob du jetzt die Öde und die Verlassenheit meines Landes ertragen würdest.«

»Deines Landes?« fragte ich zweifelnd.

»Erwarte nicht zuviel von mir«, sagte er streng, »auch wir Engel sind gebunden. Es gibt in diesem Land Tausende von Engeln, denen du begegnen kannst und die du vielleicht begreifst, um deiner Rettung willen. Aber deinen Schutzengel gibt es nicht, von dem sie dir zu Hause erzählt haben. Es gibt nichts, was deiner Einsamkeit abhelfen könnte. Hier draussen musst du dich schon mit mir zufriedengeben, mit einem von den Tausenden …«

»Ich bin nicht unzufrieden«, wagte ich einzuwenden, »ich bin nur so allein und weiss nicht mehr, an was ich mich halten und aufrichten soll. Heute hast du mir noch einmal geholfen – es war mühsam genug –, aber man begegnet nicht jeden Tag einem Engel, doch jeder Tag ist voll von Morgen- und Abendröte, die wie das höllische Feuer brennt, und von leeren Stunden, die sich selbst genügen, aber nicht mir.«

»Drücke dich deutlicher aus«, sagte der Engel streng.

Ich versuchte, die Hände zu ballen, die schlaff an meinen Seiten lagen. Grauenhaft, wie jetzt das Gefühl, preisgegeben zu sein, durch meinen erschlafften Leib sickerte, bis zum Herzen.

»Ich habe Angst«, sagte ich und sah den Engel an. Vielmehr versuchte ich, ihn anzusehen; sein Blick, hoffte ich, würde mich noch einmal retten, würde mir diesen Krampf vom Herzen nehmen, würde meine Hände mit Kraft füllen.

Aber er stand im Schatten. Ich erkannte mit plötzlicher Verzweiflung, dass ich es mit keinem Menschen zu tun hatte, an den man sich noch, in gemeinsamer Trostlosigkeit, klammern kann, sei es auch nur, um aufzuschluchzen.

Statt dessen sagte ich, tödlich ermattet: »Ich kann nicht mehr.«

Da antwortete er nur: »Du bist aufrichtig, bis zur Verstocktheit. Das taugt nicht, um dem Leben zu begegnen, welches wahrlich stärker ist als du – als ihr alle«, und verliess das Zelt.

Ich wollte nicht sehen, wie er den Vorhang zurückschlug und hinausging, ohne sich auch nur zu bücken.

Draussen, dachte ich, empfängt ihn *sein* Land, *seine* Nacht, *sein* Wind. Ich konnte es nicht verhindern, dass ich den Wind hörte, der an den Seilen und an den Zeltwänden riss. Ich sah den Engel davongehen, das sanfte Licht des Demawend wie einen Mantel um die Schultern. Nun ging er durch das hohe Ufergras und zwischen den hundertfünfzig Pferden hindurch, die im Stehen schliefen. Nun ging er durch den Fluss und wurde nicht nass, nun am rötlichen Feuer des Tschaikhane vorbei, nun unter den grauen Felsbändern, in deren Schutz die Steinböcke nächtigten. Nun war er mir abhanden gekommen, und ich dachte nach, warum es mir nicht gelungen war, ihn zu halten, obwohl er doch mit mir gerungen hatte, auf dem Scherbenhügel …

Aber ich hatte nicht einmal die Hand ausstrecken können. Und es gab niemanden mehr.

Erinnerung: Persepolis

Wir fuhren auf der grossen Landstrasse durch die grosse, mit Hitze gesättigte Traum-Ebene Persiens. Die Strasse war die gleiche, auf der, vor vielen Jahrhunderten, nach dem Brande von Persepolis, der dem Weltuntergang glich, die Soldaten Alexanders nordwärts gezogen waren, um den fliehenden König Dareios zu fangen. Der König befand sich auf der Flucht. Er war tapfer gewesen, aber seit der verlorenen Schlacht von Gaugamela vermochte er nichts mehr und floh unaufhaltsam, über das kurdische Gebirge, durch seine Länder Medien und Baktrien, bis ihn Bessos, sein eigener Statthalter, ermorden liess.

Auch die Ebene Persiens hat sich seither nicht verändert und wird sich wohl niemals verändern. Immer ruhen an ihren Rändern wie gestrandete Schiffe Gebirge, denen man sich zu nähern meint – aber wenn man sie endlich erreicht hat, beginnt hinter ihnen eine andere Ebene, die in Wirklichkeit dieselbe ist, und man wird ihren Rand nie erreichen.

Ich sagte es zu Barbara, die neben mir im Wagen sass. »Wir werden niemals nach Persepolis kommen«, sagte ich, »wir werden diese Fahrt nicht überstehen.«

»Vierhundert Kilometer«, sagte sie, »du hast es doch schon einmal überstanden?«

»Gerade deshalb«, sagte ich, »das erste Mal wagt man alles, weil man nicht Bescheid weiss. Aber dann, dann sollte man sich nicht wieder in Versuchung führen!«

»Was das betrifft«, sagte Barbara, »so bin ich es, die dich in Versuchung geführt hat. Ich habe dich zu dieser Reise überredet. Sag jetzt nicht, dass es dir leid tut!«

»Ich hätte es auf jeden Fall noch einmal versucht.«

»Auf jeden Fall?«

»Weil man sich in diesem Land der Dinge, die man liebt, doppelt versichern muss.«

»Wehrst du dich gegen die Traum-Qualität?«

»Ja«, sagte ich, »ich fürchte mich davor. Ich fürchte mich vor dem Vergänglichen.«

Doch schon der Name von Persepolis war unvergänglich und unangreifbar, und schon der Anblick seiner Ruinen war unvergesslich.

»Dieses Land macht feige«, sagte Barbara.

Wir mussten noch viele Stunden fahren, bis es ein wenig kühler wurde, und dann viele Stunden in der Dunkelheit. Jäzdi Chast erhob sich auf dem Hügelkamm und war von der Sonne so grell beschienen, dass wir es zuerst für eine Luftspiegelung hielten. Aber auch dieser Ort, Bettlerstadt, wo aus Höhlen und bröckelnden Fensteröffnungen aussätzige Kinder kletterten und unseren Wagen umringten, war Wirklichkeit.

Raschid fuhr zehn Stunden, ohne müde zu werden. Er brauchte, um sich die Zigarette anzuzünden, immer nur ein einziges Streichholz. Barbara beneidete ihn deswegen. Ich schlief, den Kopf auf den verschränkten Armen.

Einmal hielten wir in einer Stadt, um Benzin zu kaufen. Man sagte uns, dass wir noch sechs oder sechzig Fardas zu fahren hätten. Auch für sechzig Fardas, sagte Raschid, würde das Benzin ausreichen. Ein Fardas ist das alte Mass von Pasargadae; die persischen Truppen brauchten dafür eine Stunde.

Ich begann zu weinen.

»Willst du hier übernachten?« fragte Barbara. Ich hörte auf zu weinen, und wir fuhren weiter.

Ich weiss nicht, ob wir dann durch den Farrenwald fuhren, wo die Strasse sich in engen Kurven senkt, und wie wir endlich die Ebene erreichten, an deren Ende – noch sehr weit entfernt – Persepolis liegt.

Wir sahen seine Säulen im Mondlicht, bogen von der Strasse ab, und ich erkannte alles wieder und umarmte Barbara in meiner Freude.

Als wir ein wenig später auf die Terrasse hinausgingen, lag Raschid auf einem Feldbett neben unserem Wagen und schlief.

Es war eine grosse, mondhelle Persepolis-Nacht. Von der Terrasse aus, die wie an Seilen über der Ebene hing, sah man am nunmehr äussersten Rand die Berge ohne Füsse aus der Tiefe tauchen, ein silberner Streifen säumte schimmernd ihren dunklen Leib, Himmelslicht übergoss alles, Berge und Ebene und die Reliefs der königlichen Treppe. Die Welt lag in ihrem leichten Höhenschlaf, ein Windhauch konnte sie wecken. Hinter dem Fels, wo die Achaimeniden in tiefen Grabkammern ruhen, erhoben sich Wolken und glitten weiss der Milchstrasse entgegen, fast war ihr Flug heiter. Ihrer wurden immer mehr, scharenweise verteilten sie sich im hohen Raum, legten sich mild vor seine stahlharte Bläue und verdeckten den Mond. Die Erde lag im Schatten.

»Alles wie früher«, sagte ich, und mein Freund Richard wiederholte: »Alles ganz unverändert. Kannst du dich noch erinnern?«

Ich erinnerte mich, an gleiche Nächte gleicher Trunkenheit, gleicher Gelassenheit, gleicher Trauer, gleicher Erregung durch die gleiche übermenschliche, leidenschaftslose Stille dieses Orts. Aber damals fühlte man sich geschützter, weil noch ein Mann da war, der mit seiner Gescheitheit und seiner weit zurückschauenden Liebe Persepolis der Vergangenheit entrissen und daraus eine Stätte der Forschung und Tätigkeit gemacht hatte. Der Professor war fort. Die Bücher seiner Bibliothek lagen, in Kisten verpackt, in Bushire und sollten nach England oder Amerika geschickt werden, wohin immer der Heimatlose sich wenden würde. Die hohen Fenster seines Arbeitszimmers waren früher die ganze Nacht erleuchtet gewesen, jetzt lagen sie dunkel zwischen den steinernen Pfeilern vom Harem des Dareios, die man wieder aufgerichtet und mit Balken und Stierhäuptern aus Holz gekrönt hatte.

»Der Professor hat es uns ja nicht immer leichtgemacht«, sagte Richard, »er war so verschlossen, man traute sich kaum, ihn anzureden. Und unsere Arbeit schien er überhaupt nicht zu bemerken, er hat uns nie gelobt. Aber jetzt wünschte ich, er würde zurückkommen ...«

So hatte sich doch, seit damals, etwas Entscheidendes verändert.

Man hatte einen grossen Gelehrten aus seiner Heimat vertrieben, weil er Jude war – und nun hatte er auch seine Wahl-Heimat verlassen müssen, die Königsburg der Ur-Arier ... Ich erinnerte mich daran, dass ein deutscher Diplomat von Rang mir gesagt hatte: »Gerade in der heutigen Zeit hätte der Professor, als Nicht-Arier, besonders viel Takt beweisen müssen!«

»Ja«, sagte Richard nachdenklich, »das ist die infame Logik dieser Leute ...«

Die Nachfolger des Professors waren junge Amerikaner, gutwillige Ausgräber, Pfadfinder; keiner von ihnen konnte auch nur eine Keilinschrift entziffern.

»Und selbst wenn sie es könnten«, sagte Richard, »selbst wenn kompetente Leute herübergeschickt werden, es ist nicht mehr dasselbe.«

Gemeinsame Freunde in Teheran hatten mich beauftragt, Richard mit der neuen Lage auszusöhnen und ihn zum Bleiben zu bewegen.

»Und du«, fragte ich, »du wirst doch durchhalten? Dich braucht man doch hier?«

»Durchhalten?« fragte er. Er stand von mir entfernt, im Schatten eines Tores. Über ihm breitete ein bärtiger Genius einsam seine Schwingen aus.

»Du liebst doch diesen Ort«, sagte ich.

Er nickte. »Seit vier Jahren«, sagte er, »und seit vier Jahren war ich nicht in Deutschland … Die Amerikaner hassen Deutschland«, fuhr er fort, »sie hassen es, wie nur ungebildete Menschen hassen können. Sie wissen nicht, dass das Hakenkreuz nicht Deutschland ist, und sie vergessen, dass auch der Professor ein Deutscher war.«

»Kannst du es ihnen nicht erklären?«

»Ich?« fragte er.

»Du weisst doch Bescheid.«

»Nein, ich weiss gar nicht Bescheid. Ich habe all die Jahre Heimweh gehabt, nach einem Deutschland, welches offenbar nicht mehr existiert. Und was heute ist, das kann man nicht verteidigen. Das kann man doch einfach nicht!«

»Nein.«

»Und deshalb muss ich mir ihren Hass und ihre Verachtung und ihre Witze jeden Tag anhören. Ausserdem ist meine Mutter Jüdin.«

Ich schwieg, tief betroffen.

Und Richard schien auch keine Antwort zu erwarten. Er stand eine Weile schweigend, mit erhobenem Kopf. Ich sah in seinem harten Knabengesicht die Kiefer kantig hervortreten, die niedrige und eckige Stirn sich falten, die starken Brauen sich zusammenziehen. Dann kam er langsam auf mich zu.

»Gerade du«, sagte er, »solltest nicht von Durchhalten reden. Du weisst doch, dass es das in diesem Land nicht gibt, und dass es zwecklos ist.«

»Dann willst du also fort?«

Er nickte.

»Und was soll dann aus dir werden? Willst du nach Deutschland?«

»Um meine Mutter zu besuchen. Aber das ist auch alles.«

»Und nachher?«

Er hob die Schulter. »Komm«, sagte er, »die anderen warten.«

Wir gingen die Treppe hinunter und zum Expeditionshaus zurück.

»Du musst dir ein wenig Zeit lassen«, sagte ich. »Du hast vier Jahre Geduld gehabt hier draussen, da hat man keinen rechten Massstab mehr für das, was zu Hause vorgeht.«

»Ja, ich werde mir Zeit lassen.«

Ich hätte ihm gern etwas Tröstliches gesagt. Geduld ist für einen Fünfundzwanzigjährigen kein Trost, und nur die Ungeduld vermochte es, ihn von Persepolis zu trennen. Das aber hiess gleichzeitig, ihn vor diesem Land zu retten.

»Du begreifst doch, dass ich nicht hierbleiben kann«, sagte Richard, als wir schon vor der Tür seines Zimmers standen.

»Ja«, sagte ich, »du darfst nicht länger hierbleiben.«

In Richards Zimmer sassen sie noch, Barbara und der junge Heynes, ihr Landsmann. Heynes war schon leicht betrunken. Sie debattierten heftig über Roosevelt und die »National Recovery Administration« (NRA); Heynes konnte Barbaras wundervoll knapp formulierten Argumenten wenig entgegensetzen. Er versuchte, den Skeptiker zu spielen, sie protestierte mit ihrer dunklen und strengen Stimme.

»Wohin sollen wir kommen«, sagte sie, »wenn selbst junge Menschen wie Sie sich nicht für die Zukunft interessieren? Die Zukunft, unsere amerikanische Zukunft, sollte uns allen am Herzen liegen. Roosevelt hat uns dazu die Hand gereicht, wir mussten nur *wollen!* Wir haben damals, im Office, den ganzen Tag und die halbe Nacht gearbeitet, und während der Lunchpause sassen wir zusammen und haben geredet. Denn man muss *reden* über die Dinge, man muss wissen, um was es geht, man muss *intelligent* sein!«

»Zu was ist das alles gut«, fragte Heynes, den Kopf auf die Stuhllehne gelegt, »was nützt es zu wissen, dass man die Negerfrage nicht lösen kann und dass ganz Amerika voller Probleme ist, an denen unsere besten Männer scheitern? Was nützt das alles?«

»Wenn Sie wüssten«, klagte Barbara leidenschaftlich, »wie entsetzlich es war, als die NRA zusammenbrach! Wie wir alle daran beteiligt waren!«

Heynes lächelte schläfrig: »Da siehst du es!«

»Und du«, fragte sie, »du kümmerst dich um achaimenidische Paläste in Persien (›in this rotten country‹) und meinst, du könntest dich fernhalten? Du meinst, *das ginge dich nichts an?*«

Er verstummte. Und Richard, der neben mir an der Tür stand, mischte sich ein. »Was wissen Sie von Persien«, sagte er, »ausserdem ist Heynes ein Architekt wie ich, und es ist für uns lehrreich und interessant, uns um achaimenidische Paläste zu kümmern!«

Barbara wandte mit einer schnellen Bewegung ihren schönen Kopf. »Da seid ihr ja«, sagte sie, »und, mir scheint, wir haben nichts mehr zu trinken!« Sie hob uns ihr leeres Glas entgegen.

Wir warfen mit einem silbernen Toman-Stück, um ausfindig zu machen, wer in die Taverne der Zuckerfabrik fahren müsse, um Alkohol zu holen. Ich fuhr mit Richard, den das Los getroffen hatte.

Die Zuckerfabrik lag unten in der Ebene. Wir sahen ihre Lichter, als wir von der Terrasse in die Strasse von Schiras einbogen. Der Wind trug unseren eigenen Staub vor uns her, die Scheinwerfer glitten hindurch wie durch eine Nebelwand. Richard sass am Steuer. Wenigstens war er nicht betrunken.

»Es ist nett von dir, dass du mitgekommen bist«, sagte er.

»Früher«, sagte ich, »sind wir manchmal die ganze Nacht zusammen gefahren. Durch den Fluss nach Naksch-i-Rustam, und bis nach Isfahan.«

»Früher«, sagte Richard. Er sah geradeaus, trotzig wie alle Einsamen.

»Es ist nicht so lange her«, sagte ich zögernd. Denn es war nur ein Jahr her, aber mir schienen es Ewigkeiten.

Richard sah geradeaus. »Wir sind gleich dort«, sagte er. Vor uns lag die Nebelwand, vom gelben Licht erhellt.

»Ich wünschte«, sagte ich, »wir würden wieder nach Naksch-i-Rustam fahren, wie damals.«

»Dazwischen liegt der Fluss.«

»Oder an das Ende der Welt.«

»Aber wir sind ja schon am Ende der Welt.«

Wir bogen in den Hof der Zuckerfabrik ein. Es galt auszusteigen, zur Baracke hinüberzugehen, eine Tür zu öffnen, dem plötzlichen Andrang von Qualm, gelber Trübe, dem Andrang vieler persischer Gesichter standzuhalten. Der Mann hinter der Theke war ein Russe.

»Hast du Wodka?« fragte Richard. Wir bekamen zwei Flaschen. Während wir warteten, hatten wir Zeit, uns umzusehen. Was hier sass, war vielleicht der Abschaum Persiens. Es waren Nomaden darunter, die ihr Stamm ausgestossen, die die Verlockung eines anderen Lebens angezogen hatte. Auch vertriebene Luren gab es, und dann die heimatlosen Männer aus den Flecken und Städten. Mit ihren sonderbar sich gleichenden mageren und gelben Gesichtern, ihren sonderbar haltlosen Körpern sassen sie da, in elenden Kleidern, die aus Amerika importiert und von Bushire aus en gros verkauft wurden. Denn die persische Nationalkleidung ist von der modern gesinnten Regierung verboten worden. Man rauchte Opium. Die Opiumraucher sassen abgesondert von den gewöhnlichen Trinkern in einer Ecke, nahe am Lehmherd, wo der riesige Samowar stand. Fragt ein Europäer, was dort hinten geschieht, so antwortet man ihm: »Diese Männer sind krank.« Aber meistens sind sie hungrig und kauern, betäubt von dem süsslich riechenden Rauch, auf ihren Teppichen wie Tiere und knurren den Fremden an.

Wir bezahlten dem Russen unsere Wodkaflaschen. Draussen lag das Mondlicht weiss auf dem Sand. Wir wendeten den Wagen und fuhren zurück. Ich sass neben Richard, einen Arm um seine Schulter gelegt. Wir waren Freunde, wie in Zeiten, die nicht zurückkommen würden. Und wieder war es ein langer, pfeilgerader Weg durch die schimmernde Nebelwand, und das Auftauchen der einsamen Säulen von Persepolis auf einer unwirklich schwebenden Terrasse, hoch über der Ebene.

Als wir Richards Zimmer betraten, sass dort Heynes allein. Barbara sei schlafen gegangen, sagte er. Wir setzten uns, Richard öffnete eine der Flaschen. Heynes, gesprächig und betrunken, erklärte uns die neuen Pläne der Festungsbauten, die man nicht mehr, wie zu des Professors Zeiten, der alten Anlage von Persepolis gemäss, dreissig Grad von Norden abweichend zeichnen würde, sondern nach den Zehn-Quadratmeter-Squares, die nach Nord und Süd orientiert waren, wie es sich ordentlicherweise gehörte.

»Und was wird aus meinen Plänen?« fragte Richard.

»Aus deinen Plänen? Aber das ist alles veraltet«, sagte Heynes freundlich.

»Und die Publikationen des Professors?«

»Lass ihn erst publizieren!«

»Er hat sich nach den dreissig Grad gerichtet.«

»Alles veraltet!«

»So also«, sagte Richard, »so wollt ihr es treiben?«

»Wir verehren deinen Professor«, sagte Heynes beschwichtigend, »aber du begreifst doch, dass wir nicht nach euren längst veralteten Plänen arbeiten können!«

»Natürlich nicht«, sagte Richard, »natürlich wisst ihr viel besser Bescheid über Persepolis. Ihr verdammten Grünschnäbel!« schrie er.

Heynes sagte zu mir: »So ist er immer. Er versteht nicht, dass wir von *vorne* beginnen müssen!« Er sass am Boden, zwischen seinen Nord-Süd-Plänen.

»Hör mal«, sagte ich zu Richard, »wenn der Professor sich entschliesst zu publizieren, wird er doch auf alle Fälle deine Pläne benützen!«

»Auf alle Fälle«, bekräftigte Heynes, »auf alle Fälle wird er sich nichts aus meinen Grünschnäbel-Plänen machen. Darauf kannst du ruhig noch einen Wodka trinken.«

Wir tranken, versöhnt, noch einen Wodka.

»Und Barbara?« fragte ich.

»Sie wollte von dem Zuckerfabrik-Wodka nichts mehr wissen«, behauptete Heynes.

»Und er muss es wissen«, sagte Richard schläfrig.

»Ich glaube nicht, dass sie von irgendeinem Wodka nichts mehr wissen will«, sagte ich. Ich kannte Barbara und war beunruhigt.

Aber Heynes antwortete nicht mehr. Ich stellte mein Glas neben meinen Liegestuhl und ging hinaus. Die Tür war nur ein mit Moskitonetz bespannter Rahmen. Die Empfindung war mir vertraut, diese leichte Trennungswand aufzustossen, die zwischen einem von Lampenwärme friedlich erfüllten Raum und der grossen Unwirklichkeit draussen lag, der Mondhelle, dem Wüstenglanz, dem Streifen gangbaren Bodens bis zu den starrenden weissen Felskämmen, dem Ort der Königsgräber, wo Steinböcke nächtigen und wo fremde Schiffe mit gelähmten Segeln liegen, für immer.

Es war nicht kalt, aber mich fiel die laue Luft an und schüttelte mich. Ich ging zwischen den leeren Beeten, die die Frau des neuen Direktors, eine Midwest-Amerikanerin, angelegt hatte. Dann kamen die Scherbenbeete, wie wir sie auch in unserem Garten in Rhages hatten. Das war der Granatapfelgarten; fast heimatlich schien mir die Erinnerung an seine Schatten, die mich zu meinem Schlafraum begleiteten, einem Bach entlang, in welchem Taranteln schwammen. Und draussen, ausserhalb der gelben Gartenmauer, hörte man die Glocken der Kamelkarawanen …

Hier gab es nichts. Hier war grosser, unentweihter Boden: Persepolis. Und Mondschein über den schrägen Felsenkämmen. Ich suchte Barbara. Ich ging vorsichtig zwischen den Scherbenbeeten und, wo sie endeten, über verwehten Sand. Dann stolperte ich über Schienen einer Rollbahn, stieg einen frisch ausgehobenen Erdhügel empor. Dahinter lag die Garage, mit einem Buick, zwei alten Ford-Lastwagen.

»Barbara!« rief ich. Sie sass oben, fast im Schatten der Felsen. »Wo treibst du dich denn herum?« fragte sie.

»Konntest du nicht ohne mich schlafen gehen? War es nicht spät genug?« (»A decent time to go to sleep«!)

Das Mondlicht lag auf ihren Füssen wie Wasser, das mit den Wellen den Sand hinaufleckt und zurückrieselt. Ich sagte gar nichts, ich war so froh, Barbara gefunden zu haben. Ich sass, den Kopf auf ihren angezogenen Knien, und sah zu, wie die kleinen Wellen bis zu ihren Füssen stiegen.

Nächte in Rhages oder der Anfang der Furcht

Aber das waren, in Persepolis, leichte Nächte. Sie waren hell, nicht immer von der Milchstrasse, und nicht immer vom Mondlicht, welches sich wie ein Strom über die im Schlaf liegende Ebene ergoss, gab es doch die hellen, leichten, traurigen Gespräche und den hellen, leichten Wodka-Rausch. Es gab die langen Dämmerungen, die man auf der Terrasse erwartete, und es gab die sanften Windstriche über heissen Schläfen. Ausgestreckt auf dem Feldbett, träumte man von Zukunftswegen, die sich durch unbekannte Ebenen schlängelten und den Gebirgen der Hoffnungen zustrebten. Gläubig lag man, ganz bewegt von Sehnsucht, die schlank wie die weissen Säulen draussen aufwärts strebte, und oben begegneten sich Freude und Traurigkeit – man konnte es lächelnd ertragen.

Ich habe, in Persien, ganz andere Nächte gekannt. Da lag alles im Dunkel und war ausweglos. In Rhages, der toten Nachbarstadt von Teheran, von den Toren nur durch eine Staubwolke getrennt, gab es Nächte ganz ohne freundliche Stimmen, doch voll von Geräuschen der Fremdheit. Die Staubwolke, die uns von der bewohnten Hauptstadt und ihren lebendigen Strassen trennte, war beinahe unüberwindlich. Denn das Land, welches sie bedeckte und verhüllte, war kein gewöhnliches Land. Es war seit vielen hundert Jahren Ruinenboden; seit dem Mongolensturm hat sich hier wohl niemand mehr angesiedelt, und wo man auch den Spaten ansetzt: man findet nur Mauerreste, Scherben und die Spuren der grossen Zerstörung.

Sand bedeckt sie, er wird von der grossen Salzwüste herübergetragen, die die letzte Heimat der Wildesel ist. Der Sand, mag er auch dem Wasser gleichen und sein Wellenspiel nachahmen, ist doch nur ein totes Element. Aber weit schlimmer als dies alles ist die Tatsache, dass man, wo die Lebenden sich nicht mehr ansiedeln wollen, die Toten hinausträgt. Deshalb ist der Landstrich zwischen Rhages und Teheran ein einziger Friedhof geworden. Meistens häuft sich über dem Grab nur ein Häufchen Sand, länglich wie der Leichnam darunter. Selten sind die kleinen Grabmale aus ungebranntem Lehm, seltener die blauen Kuppeln, die trügerisch in der Sonne glänzen.

Abends, wenn die Sonne dem Erlöschen nahe ist, sieht man in der Ferne, zwischen den Oasenbäumen, noch immer die goldene Kuppel von Schah-Abdul-Azim, die einzige funkelnde Verheissung in der grossen Öde. Aber wer sich um diese »tote Stunde« auf der Landstrasse zwischen den Nachbarstädten befindet, ist der Todesnähe schutzlos preisgegeben, und es fehlt wenig, dass er sein Gesicht im Staub vergraben und sich einem langen Schlaf hingeben würde wie ein Erfrierender.

Manchmal sieht man weit draussen Scharen von schwarzen Geiern sitzen; sie warten unbeweglich, und ihre nackten Hälse haben die rötlichgelbe Farbe des Sandes. Man erblickt zuerst eine Reihe von ihnen, und erschauert; dann sind es bald viele Reihen, und sie vermehren sich ebenso schnell wie gewisse schreckliche Bilder im Traum. Bald ist die ganze erlöschende Ebene von ihnen bedeckt, und auf der anderen Seite der Strasse gibt es nichts als die Gräber, und die dunkel verschleierten Frauen, die zwischen den Toten hin und her huschen zum Zeichen der Trauer. Das ist nicht weniger schrecklich, es lohnt sich nicht, den Blick zu wenden und die schreckliche Auswahl zu treffen.

Am Rand des Friedhofs – wenn er sich nicht einfach unendlich weit ausdehnt – gehen Kamele, denn von Teheran nach Veramin führt eine der ältesten Karawanenstrassen Persiens, an Rhages vorüber, ja dicht vorbei an unserem Expeditionshaus, durch die Furt vor dem Tor und an unserer langen Gartenmauer entlang. Deshalb ist auch der Klang der Karawanenglocken deutlich in den langen Nächten von Rhages; sie gehören zu den deutlichsten Stimmen meiner Erinnerung. Sie schwingen an den Flanken der Kamele und dröhnen, oder sie bimmeln an ihren Hälsen. Fremd ist das, auch schon sehr fern, aber immer noch von gleicher Trauer.

Am frühen Morgen läutete eine ähnliche Glocke, um uns zu wecken. Die Hunde, die neben meinem Bett auf der Strohmatte zu schlafen pflegten, schreckten auf. Und dann begann ein anderer Tag. Ich hatte kaum Zeit, Hose, Hemd und Lederweste überzuwerfen. Vor der Tür stand Gellina, eine alte Russin, mit dem Teeglas in der Hand. »Drink, my child«, sagte sie. Sie nannte mich nie anders als »ihr Kind«, und als ich nach einem Jahr nach Rhages zurückkam, umarmte sie mich weinend. Man sagte, bevor sie als Dienerin nach Rhages gekommen sei, habe sie in Teheran ein Bordell gehabt. Aber was bedeutete das, sie war gutherzig und zärtlich, und eine arme Seele. Sie sagte mir oft, dass sie abends für meine Seele bete. Und ich konnte es brauchen.

Die Glocke läutete während der heissen Monate um vier Uhr, im Herbst um fünf Uhr. Die Dämmerung der Herbsttage war eine Fortsetzung der Nacht. Erstaunliche Lichtskalen gingen über den bleichen Himmel. Wir fuhren im Lastwagen auf das Grabungsfeld hinaus, wo unsere Arbeiter ihr Morgengebet gegen Osten verrichteten. Manchmal war es eisig kalt, aber um acht Uhr, wenn die Frühstücksglocke läutete, lag schon die Sonne vor dem Zelt, und während wir assen, zogen wir die Lederwesten aus. Der Vormittag auf der Grabung war lang, der Tag kurz. Es wurde dunkel im Museum, während wir noch auf unseren Hockern sassen, Gegenstände ordneten, Katalognummern malten.

Neben mir hatte George seinen Platz, und er war mein bester Freund. Später entliess man die Arbeiter, und nun sassen wir den ganzen Tag im Museum und »arbeiteten auf«. Es gab viel zu tun. Van begann damals zu trinken und sass dann nachts an seinem Zeichentisch. Auf diese Weise gewöhnten wir uns daran, auch nach dem Abendessen zu arbeiten. Jeder von uns hatte eine Petrollampe neben seinem Platz. Ich tippte die Katalogkarten. George, neben mir, hatte eine schwierigere und wissenschaftlichere Arbeit: er las Münzen unter dem Mikroskop. Der Direktor, einen Stoss von Gegenständen vor sich, schrieb in das grosse Katalogbuch, aus welchem ich eine verkürzte Abschrift für die Karten machte. Der Direktor war ein fleissiger Deutscher; er trank wenig, las nichts und arbeitete viel. Seine Frau, eine reiche, junge Amerikanerin, kam manchmal in das Museum und spendierte Wodka. Wir tranken während der Arbeit, fröstelnd. So vergingen die langen Abende.

Durch den Granatapfelgarten begleitete George mich zu meinem Zimmer. Obwohl wir nicht darüber sprachen, wusste er, dass ich Angst hatte. Meine Angst war unbegründet und sonderbar. Ich hatte, allein, grössere Gefahren bestanden, als durch einen Garten zu gehen, der einer amerikanischen Expedition gehört und rings von einer hohen Lehmmauer umgeben ist. Deshalb begriff der Russe Bibenski nicht, dass ich mich fürchtete, er hielt mich für ein mutiges Mädchen.

Manchmal sass ich abends, nach der Arbeit, in seiner Baracke und rauchte eine Haschischpfeife mit ihm. Wir sassen auf dem Fussboden aus gestampftem Lehm, den Rücken an die Wand gelehnt, manchmal gab er mir ein Kissen und einen Pustin, manchmal vergass er es. Sein Diener stopfte uns die

Pfeifen: einen Brocken gelbliches, lehmfarbiges Haschischpulver, darüber eine Lage Tabak. Bibenski, mager, mit hervorstehenden Backenknochen und mattglühenden Fieberaugen, rauchte in tiefen Lungenzügen. Ich konnte es nicht, verschluckte mich und hustete. Der Diener Hassan, ein fünfzehnjähriger Knabe, sah es und lächelte. Der Russe kniete vor mir, öffnete die Lippen, atmete tief und zwang mich, ihn nachzuahmen. Ich ahmte ihn nach, hustend, bis mir schwindelte.

»Du wirst es nie lernen«, sagte er.

»Ich will lieber schlafen gehen«, sagte ich und ging in den Garten hinaus. Dort war es still ... Aber vor der Tür des Museums, im Schatten, wartete George. »Ich werde Sie begleiten«, sagte der Mann, der schweigend meine namenlose Furcht erriet. Furcht? Damals begriff ich nicht einmal, was das neue Gefühl war. Später, als es übermächtig wurde und mich fast zugrunde richtete, begriff ich. Und seither schwebt über der herrlichen und farbenreichen Ödnis jener Länder, über ihrer teils verklärten, teils schrecklichen Erinnerung die namenlose Angst wie eine Rauchfahne.

Unser Garten war der Granatapfelgarten eines reichen Persers. Zwischen den kleinen Bäumen lagen unsere Scherbenbeete, und neben dem Weg floss der trübe Tarantel Bach. Dahinter die Lehmmauer, die uns von der Aussenwelt trennte. Aber was hiess Aussenwelt? Die Staubwolke, die Karawanenstrasse, die Furt, die Friedhof-Ebene, die Geier-Ebene, die verhüllte Strasse nach der Hauptstadt?

Unter dem Sand, wussten wir, lagen Ruinen, und wir würden nach köstlichen Scherben graben. Aber das gehörte zum Tag, und jetzt war Nacht.

George ging neben mir durch die Allee, die grossen, gefleckten Hunde gesellten sich zu uns, die neben meinem Bett schliefen und die Ratten verjagten.

Gellina schlief auf der Terrasse. Ich nahm die Petrollampe vom Tisch, bevor ich in mein Zimmer ging. George sagte gute Nacht, und sein guter Händedruck war beruhigend, eine Minute lang. »Jetzt brauchst du keine Angst mehr zu haben«, sagte er, seine Taschenlampe glitt über die Stufen und in den dunklen Garten hinunter. Manchmal gingen wir auch auf das Dach hinauf, setzten uns hin und rauchten. Zu unseren Füssen lief der Fluss der Gartenmauer entlang. Er schimmerte silbrig und lief durch die Ebene, dem Demawend zu. Man konnte ihn weithin verfolgen, aber es war kein rechter Trost. Es gibt, in jenem Land, keinen rechten Trost. Und immer glaubte ich, dass auf dem silbernen Wasser verendete Fische abwärts schwämmen, die silbernen Bäuche aufwärts gekehrt ...

Dann lag ich auf meinem Bett, und über mir gab es Balken, und Stroh zwischen den Balken, und die gefleckten Hunde atmeten ruhig neben mir und sahen einen Augenblick zu mir auf, wenn ich mich bewegte. Die Traum-Nacht begann. Die Mauer des kleinen Hauses, die Wand meines Zimmers, war zugleich die Fortsetzung der Gartenmauer; und wenn sie auch gegen Wind und Herbstregen Schutz bot, so schützte sie mich doch nicht gegen das Dröhnen der Karawanenglocken, gegen die Schreie der Treiber, die die Kamele durch die Furt trieben, und gegen das langsame Rauschen des Silberstroms. Dagegen gab es keinen Schutz. Dagegen gab es nichts, und ich weinte nach meiner Mutter.

Als ob mich eine sterbliche Seele hätte hören können!

Langsam begriff ich es. Das war der Anfang der Furcht. Und nie werde ich sie besiegen, nie sie wieder vergessen können.

Dreimal in Persien ...

Ich habe auf alle Arten in Persien zu leben versucht. Es ist mir nicht gelungen. Ringsum sah ich Menschen, die auch nichts anderes versuchten, als eben zu leben. Sie kämpften gegen die gleichen Gefahren, und solange es noch wirkliche Gefahren waren, war es gut. Wie ich überstanden sie die grossen Gebirgswege, die Nächte an überschwemmten Ufern, die Anfälle von Müdigkeit und Entmutigung. Wie ich kehrten sie eines Tages in die Hauptstadt zurück, wohnten in Gesandtschaften, badeten, assen gut und schliefen lang.

Sie glaubten wie ich, dass man sich auf diese Weise erholen und für neue Abenteuer stärken könne. Sie überstanden Dysenterie und Fieber, begannen zu trinken und gingen wochenlang jeden Abend in die traurigen Lokale von Teheran, wo es Whisky, Musik und Tänzerinnen gab. Es ging ähnlich zu wie in europäischen Städten. Eines Tages raffte man sich auf ..., aber wie lange würde es dauern? Denn jetzt kam der Augenblick der ungreifbaren Gefahr: Moralische Vorsätze konnte man nicht mehr fassen, es half nichts mehr, sich zusammenzunehmen.

Die Gefahr hat verschiedene Namen. Manchmal heisst sie einfach Heimweh, manchmal ist es der trockene Höhenwind, der an den Nerven reisst, manchmal der Alkohol, manchmal schlimmere Gifte. Manchmal gibt es keinen Namen, dann, wenn man von der namenlosen Furcht heimgesucht wird.

Während der ersten Monate reiste ich mit neuen Freunden zusammen und lernte alles kennen: Persepolis und Isfahan, die Gärten von Schiras, die Einsiedeleien der Derwische im nackten Fels, die grossen Moscheetore, die endlosen Strassen, die endloseren Ebenen. Ich fuhr über die Pässe und ritt auf den Saumpfaden im Elbursgebirge. Ich sah das Ufer des Kaspischen Meeres, Dschungel und Reisfelder, Zebus am sturmgepeitschten Strand, Strohdächer unter dem schweren Regen, turkmenische Holzfäller und Hirten, und die grossen, leeren Plätze der Provinzstädte Rescht und Babol. Ich sah das reiche Mazanderan, Inbegriff der Schwermut.

Vom Hafen Pahlewi aus verliess ich Persien. Dort verbrachte ich den letzten Tag. Kamelkarawanen kamen von Täbris und trugen ihre Glocken durch die nebelgrauen Strassen. Chauffeure warteten vor dem Hotel auf Reisende, die von Baku herüberkamen. Im Hof des Gasthofs traf ich einen Mann, der wie ein müder, malariakranker europäischer Abenteurer aussah. Er erkannte mich; ich konnte mich nicht erinnern, wo ich ihm begegnet war. Er nannte sich Schanghai-Willy und war ein dänischer Ingenieur.

»Ich reise ab«, sagte ich, »und werde nicht mehr zurückkommen.«

»Das sagen alle«, behauptete er.

Wir tranken zusammen, und dann war es Zeit, und er begleitete mich zum Zollgebäude hinüber. Von einem Beamten erfuhr er, dass das Schiff eine Ladung Reis aufnehmen und erst um sieben Uhr abends fahren würde. Wir gingen zwischen den Warenstapeln auf und ab, rauchend. Im Zollhaus war es verboten zu rauchen, hier draussen auch. Deshalb nahmen wir ein Boot und liessen uns auf die Lagune hinausrudern. Man konnte von dort aus den kleinen Hafen und die russischen Schiffe betrachten, die in Wirklichkeit ganz kleine Dampfer waren, hier aber wie Kolosse wirkten. An der schmalsten Stelle der Lagune erkannte man die ersten Pfeiler der neuen Brücke.

»Dort baue ich«, sagte Schanghai-Willy. Er war stolz darauf. Ich musste hören, dass man in wasserdichten Tanks die Arbeiter versenkte, um die Löcher für die Stützpfeiler auszuheben. Ich musste vieles über Brücken hören, die Schanghai-Willy in der Türkei und in Irak gebaut hatte. Was er, acht Jahre lang, in China getan hatte, erzählte er mir nicht. Wir fuhren dann zum Ufer zurück und landeten an seinem Haus. Man musste, um die Treppe zu erreichen, über Balken und Betonblöcke klettern.

Oben, an einem Zeichentisch, sass sein Assistent Nils, ein zwanzigjähriger Schwede mit rötlicher Haut, einem blonden Schopf, einem grossen Kindermund.

»Gib uns etwas zu trinken«, sagte sein Chef.

Nils stand auf und verbeugte sich, dann lief er ins Nebenzimmer, brachte Gläser und eine halbgeleerte Whisky-Flasche. Schanghai-Willy hob die Flasche prüfend gegen das Lampenlicht.

»Du willst nicht sagen, dass ich das alles gestern abend ausgetrunken habe?« fragte er.

»Doch«, sagte Nils, »das möchte ich wohl behaupten!«

Wir tranken die andere Hälfte der Flasche. Von Zeit zu Zeit ging ich zum Fenster und sah zur Hafenmole hinüber, wo mein Dampfer lag.

»Wenn er anfängt zu rauchen, ist es immer noch früh genug zu gehen«, sagte Nils verständig.

Wir erreichten die Brücke im letzten Augenblick, Schanghai-Willy und Nils standen am Ufer, die Hände in den Taschen. Eine Strecke weit begleitete uns ein Lotsenboot mit der persischen Flagge.

So verliess ich zum ersten Mal Persien.

Vier Monate später kam ich aus Russland zurück – und landete wieder in Pahlewi. Aber davon habe ich schon gesprochen; es war ein trüber Tag. Nachher blieb ich in Rhages, im Granatapfelgarten. Es war diesmal kein schlechtes Leben, wir arbeiteten viel, und unsere islamischen Töpfereien und chinesischen Scherben nahmen uns so sehr in Anspruch, dass die Karawanenglocken kaum unser Ohr erreichten. Auch an das tote Land zwischen den Nachbarstädten dachten wir selten. Erst während der langen Nächte wurde dies alles lebendig, aber ich konnte es dann kaum von meinen Träumen unterscheiden. Langsam erst gewann die Traumwelt über mich Gewalt, noch langsamer die Furcht. Und dann begann ich, die tödliche Grösse des Landes zu begreifen, das uns jeden Morgen mit seinen Schönheiten und seiner überirdischen Dämmerung entzückte.

Das war mein zweiter Versuch, in Persien zu leben. Als wir, kurz vor Weihnachten, Rhages verliessen, stand nicht fest, wer von uns zurückkommen würde. Aber wir sprachen nicht darüber. Während der letzten Tage packten wir dreissig Kisten für die Museen von Boston und Philadelphia, die unsere Ausgrabungen bezahlt hatten, um islamische Keramiken zu bekommen. Wir verpackten Schalen, die mit Kobalt und Lüster bemalt waren, ältere Gefässe aus grobem Steingut, mit Tupfen und Überlaufglasuren, man nannte sie, ungenau, »Gabri«, was Waren der Feueranbeter bedeutet; dann grosse, flache, weisse Schalen, die den chinesischen nachgeahmt waren, und andere, die auf schwarzem Grund türkisgrüne Streifen zeigten. Wir verbrauchten ungeheure Mengen von Holzwolle und Zeitungspapier und malten mit roter Farbe die Adresse auf die verschlossenen Kisten. Auch Scherben wurden verpackt, jede mit einer Katalognummer versehen, und für jede Kiste wurde ein Verzeichnis angelegt.

Das Museum war zu klein, wir packten im Freien, im eisigen Herbstwind.

Eines Tages fuhr George mit den beiden Lastwagen ab. Niemand beneidete ihn um die Aufgabe, dreissig Kisten über das Gebirge und durch die syrische Wüste bis ans Mittelmeer zu bringen.

Jetzt löste sich die Expedition schnell auf, und schon in Teheran verloren wir uns aus den Augen, als seien wir nie am frühen Morgen zusammen über das Grabungsfeld von Rhages gegangen …

Genau vier Monate später kehrte ich wiederum in den Orient zurück und ging in Beirut an Land. Von der Expedition hatte ich nichts gehört, auch nicht über das Datum, wann sie ihre Arbeit in Rhages wiederaufnehmen würde.

Noch bevor ich in das Hotel fuhr, ging ich, vom Schiff aus, in die Zollhalle hinüber, um mich nach meinem Wagen zu erkundigen. Dort traf ich, zwischen vielen Kisten und Warenballen aus Philadelphia, meinen Freund George.

Es war wirklich nichts als ein sonderbarer Zufall, und wir trennten uns auch bald wieder, denn jeder von uns hatte mit seinen eigenen Angelegenheiten zu tun.

Am Abend kam George in mein Hotel, und wir tranken auf der Terrasse einen Cocktail. Er sagte mir, dass er nun stellvertretender Direktor in Rhages sein würde und dass er zwei neue Buickwagen mitgebracht habe. Auch ein Flugzeug sollte bald eintreffen. Zufällig war mein neuer Wagen ebenfalls ein Buick. Aber George hatte wenig Zeit, er musste auf dem kürzesten Wege über Bagdad fahren, ich hingegen hatte eine grosse Reise vor, die über Mossul und durch Kurdistan bis hinauf an die russische Grenze führen würde. Das sei ein schöner Plan, sagte George und fand mich beneidenswert. Ich weiss nicht, warum ich mich, während wir noch davon sprachen, plötzlich entmutigt fühlte.

Es war damals in Beirut schon ziemlich heiss, und wir waren froh über den Nachtwind, der vom Meer herüberkam. Wir tranken noch einen zweiten Cocktail, und ich versprach, George am nächsten Tag in seinem Hotel abzuholen. Dann würden wir meinen neuen Buick auf der asphaltierten Küstenstrasse ausprobieren.

Aber es kam nicht mehr dazu. Als ich nach George fragte, war er schon nach Damaskus abgereist.

Nun war das ja nicht wichtig, da ich George ein paar Wochen später in Teheran wiedersehen würde. Ohnehin war es nur ein Zufall, dass wir uns in Beirut im Zollgebäude begegnet waren. Trotzdem verfolgte mich noch lange jenes Gefühl plötzlicher Entmutigung, und ich sagte mir, dass es möglicherweise einfach mit dem »Zufall« unserer Begegnung zusammenhänge. Und wenn ich George gefragt hätte, ob er mich mitnehmen wolle? Ich wusste, dass er nichts dagegen eingewendet hätte. Aber ich hatte ihn ja nicht gefragt, und nun war es zu spät.

Ich dachte über die Grenzen des Zufälligen nach, das in jenen Ländern, wo wir uns in einer scheinbar so unbegrenzten Freiheit bewegen, eine so grosse, wenn auch trügerische Rolle spielt. Wieder einmal hatte ich nach sehr freiem Ermessen meinen Weg gewählt. Den Umweg über Kurdistan? Wohin wollte ich denn eigentlich gelangen?

Und heute befinde ich mich in diesem Tal, welches wir »The happy valley« nennen und welches offenbar am Ende aller Wege liegt.

Beginn des Schweigens

Manchmal frage ich mich, warum ich alle diese Erinnerungen aufschreibe. Würde ich sie fremden Menschen zu lesen geben wollen? Würde ich mich in ihre Hand geben wollen oder, wenn nicht ihnen, auch nur Nahestehenden, guten Freunden? Aber was gebe ich hier schon aus der Hand! Ich bin mir klar darüber, dass dieses Buch keine vertraulichen Mitteilungen enthält.

Meine englischen Bekannten fragen mich zuweilen, was ich schreibe. Ich antworte: »Ein unpersönliches Tagebuch.« Denn nichts kann weniger persönlich sein, als dieses Tal zu beschreiben – ein Maler verstünde es besser – oder die Gebirge und Ebenen und Landstrassen und Flüsse. Selbst wenn ich erzähle, wie wir auf unserer Expedition gelebt haben, so ist das noch weit entfernt von einem persönlichen Bekenntnis. Die Nächte auf der Terrasse von Persepolis? Die betrunkenen Gespräche? Dass wir manchmal betrunken waren, und dass Bibenski an seltenen Abenden eine Haschischpfeife rauchte? Das ist nicht persönlicher als die Schwermut des Landes Mazanderan, als die gellende Dampfpfeife des russischen Dampfers im Hafen von Pahlewi. Und ebensowenig persönlich mag es sein, am frühen Morgen die zarte Wolke um das verschwebende Haupt des Demawend zu erblicken und sie wiederzuerkennen, eines Nachts, im Zeltschatten, unwirkliche Substanz um die strengen Schultern eines Engels …

Ich frage mich also nicht so sehr, weshalb ich mich preisgebe, sondern viel eher, warum ich überhaupt schreibe.

Denn es ist gewiss nicht leicht, es zu tun; es ist eine furchtbare und wahrscheinlich fruchtlose Anstrengung. Man muss sich *erinnern,* und wenn auch die Erinnerung mich und ebenso sicher meine Schicksalsgenossen keinen Augenblick freigibt, so brauchen wir doch wenigstens nichts davon zu wissen. Wir sind ja schon an den Zustand gewöhnt, der uns in diesem Land eigentümlich ist: Wir sind keinen Augenblick frei, wir sind nicht »wir selbst«, die Fremde gewinnt Macht über uns und entfremdet uns unserem eigenen Herzen.

Zuerst nennen wir das: starke Eindrücke empfangen. Wir sind hingegeben der grossen Landschaft, ihren herrlichen Farben und reinen Formen, ihrer königlichen Eigenart. Wir empfinden fremdartige Lebensweisen, zuerst mit Neugierde, bald mit Widerstand; aber wie der Widerstand von uns weicht, wissen wir schon nicht mehr.

Starke Leute schütteln solche Versuchungen, die wie Krankheiten sich einschleichen, lachend ab. Kluge reisen rechtzeitig nach Hause. Aber viele sind schwach, und ich bin »der Schwächsten einer«.

Ich habe lange über dieses Land geschrieben, in der objektivsten Weise, und ohne mir zu nahe zu treten. Woher kommt also jetzt dieser bittere Drang zum Geständnis? Gibt es wirklich niemanden unter meinen Freunden, dem ich mich auf einfachere Weise anvertrauen könnte? Wissen sie, die hier draussen leben müssen, nicht Bescheid, können sie nicht helfen?

Aber, so sonderbar es sich anhört: Wir scheuen uns, die Dinge bei ihrem Namen zu nennen. Oft sprechen wir über Persien, es lohnt sich gewiss, sich über seine vielen Herrlichkeiten und Merkwürdigkeiten zu unterhalten. Aber wenn jemand Heimweh hat, spricht er nicht darüber – und das ist doch nur die erste Stufe des Leidens.

Wenn ich zu Hause wäre, an irgendeinem freundlichen europäischen Ufer, würde ich sicher an die Möglichkeit eines klärenden Gesprächs glauben – die Ärzte versprechen sich ja so viel davon –, aber hier glaubt man an gar nichts. Die Engel sind zu stark, und sie gehen auf unverletzten Füssen; die Menschen aber wollen einander nicht in Anspruch nehmen; man weiss ja nie so genau, wo der andere verwundbar ist, vielleicht an der gleichen Stelle? Und so breitet sich das Schweigen aus. Man nennt es: hart werden …

Ausgewählte Fotografien Persien 1933–1935

(1) Barbara Hamilton-Wright, 1935

(2) Claude Clarac(?) beim Fotografieren, 1935

(3) Ausgemergelter Hund, 1935

(4) Junge, 1935

(5) Barbara Hamilton-Wright, 1935

(6) Landschaft, 1933/1934

(7) Frauen mit Kindern, 1935

(8) Strickende Frau, 1933/1934

rechts: (9) Menschengruppe, 1933/1934

(10) Armenische Kathedrale, Djulfa, 1935

(11) Kaffeebar im Freien, 1933/1934

(12) Pferdegespann auf einer Landstrasse, 1935

(13) Madrasa, Babol, 1935

(14) Zwei Knaben hüten Schafe, Firuskuh im Elbursgebirge, 1935

(15) Barbara Hamilton-Wright und malende Männer, 1935

(16) Zeltstadt im Lahr-Tal, im Hintergrund der Demawend, 1935

(17) Claude Clarac, 1935

(18) Zeltstadt im Lahr-Tal, im Hintergrund der Demawend, 1935

(19) Schneebedeckter Demawend, 1935

(20) Elbursgebirge, 1935

(21) Zelte von Nomaden, Elbursgebirge, 1935

(22) Nomaden, Elbursgebirge, 1935

(23) Passstrasse, Elbursgebirge, 1935

(24) Pferdeherde, Elbursgebirge, 1935

(25) Beladene Maultiere, Elbursgebirge, 1935

(26) Barbara Hamilton-Wright, Farmanieh, 1935

(27) Annemarie Schwarzenbach(?), Claude Clarac und Miette de Saussure(?), Farmanieh, 1935

(28) Claude Clarac, Farmanieh, 1935

(29) Kinder, Farmanieh, 1935

(30) Zwei Frauen, Farmanieh, 1935

(31) Hamadan, 1933/1934

(32) Knabe, auf der Fahrt nach Isfahan, 1935

(33) Freitagsmoschee, Isfahan, 1935

(34) Harun-i-Wilajet, Isfahan, 1933/1934

(35) Khwajubrücke, Isfahan, 1933/1934

(36) Berge, auf der Fahrt von Isfahan nach Schiras, 1935

(37) Meidan-i-Schah und Imam-Moschee, Isfahan, 1933/1934

(38) Freitagsmoschee, Isfahan, 1935

(39) Bettelnder Derwisch, Isfahan, 1933/1934

(40) Auf der Fahrt von Isfahan nach Schiras, 1935

(41) Auf der Fahrt von Isfahan nach Schiras, 1935

(42) Frauen in der Einsiedelei eines Derwisches, Schiras, 1935

(43) Landschaft mit Einsiedelei, Schiras, 1935

(44) Knabe, Jäzdi Chast, 1935

(45) Jäzdi Chast, 1935

(46) Jäzdi Chast, 1935

(47) Jäzdi Chast, 1935

(48) Stadttor, Jäzdi Chast, 1935

(49) Jäzdi Chast, 1935

(50) Mädchen auf einer Landstrasse, Kaswin, 1933/1934

(51) Gruppe von Bäuerinnen, Mazanderan, 1933/1934

(52) Mazanderan, 1935

(53) Mazanderan, 1933/1934

(54) Kinder, Mazanderan, 1933/1934

(55) Mann, Mazanderan, 1933/1934

(56) Wasserbüffel oder Zebus am Kaspischen Meer, Mazanderan, 1935

(57) Dampfschiff im Hafen von Pahlewi, 1935

(58) Gruppe von Männern, Peitak-Pass, 1933/1934

(59) Auf der Fahrt nach Persepolis, 1933/1934

(60) Barbara Hamilton-Wright, Persepolis, 1935

(61) Persepolis, 1935

(62) Detailansicht Relief, Persepolis, 1933/1934

(63) Persepolis, 1935

(64) Zelt der Nomaden, Persepolis, 1933/1934

(65) Arbeiter bei archäologischen Grabungen, Rhages, 1933/1934

(66) Arbeiter bei archäologischen Grabungen, Rhages, 1933/1934

(67) Elbursgebirge, 1935

(68) Prinz Firuz Mirza(?) mit Diener, Scharis-Danek im Elbursgebirge, 1935

(69) Iranische Armee, mit Maschinengewehren beladene Maultiere, Teheran, 1935

(70) Gräfin Maud von Rosen, Teheran, 1935

(71) Kamelkarawane, Teheran, 1933/1934

(72) Sepahsalar-Moschee, Teheran, 1933/1934

(73) Häuserreihe, im Hintergrund die Sepahsalar-Moschee, Teheran, 1933/1934

(74) Teppichwäscher, Teheran, 1935

(75) Pater Pierre Franssen mit seinen Schülern, Urmia, 1935

(76) Kinder, Veramin, 1933/1934

(77) Mädchen, Veramin, 1933/1934

(78) Detailansicht Torbogen, Veramin, 1933/1934

(79) Annemarie Schwarzenbach in Persien, um 1935

2. Teil

Der Versuch einer Liebe

Die Anklage

Ich will hier eine Begebenheit erzählen, die schön und gewöhnlich war, welche die Worte »Liebe« und »Glück« enthalten wird, und die deshalb uns, ein anderes Mädchen und mich, beinahe dem Verhängnis entrissen hätte, dem sie bald darauf erlag. Dass ich sie nicht davor bewahren konnte, obwohl sie in mich einige Hoffnung gesetzt hatte, trug dann sehr viel zu meiner endgültigen Entmutigung bei.

Das Mädchen hiess Jalé. Ihre Mutter war eine Tscherkessin, ihr Vater ein alter Mann, einer jener strenggläubigen und ehrenhaften Türken, die sich mit den Neuerungen in ihrem Vaterland ungern abfinden.

Ich habe Jalé schon erwähnt, und auch den Namen ihrer kleinen Halbschwester: Zadikka. Ich habe mich, am Anfang dieser Aufzeichnungen, hinreissen lassen zu erzählen, dass man, wenn die Hitze weiss und tödlich über der Ebene Teherans lag, in den schattigen Garten der Türken einbiegen konnte, und dass man sich getröstet, fast gerettet fühlte. Ja, das war Trost und Geborgenheit! Das war Aufatmen!

Aber warum musste so viel Zeit vergehen, bis ich dorthin den Weg fand? Nachher fand ich ihn im Dunkeln und im Hellen und kannte die vorspringende Baumwurzel in der letzten Biegung. Es wurde mein täglicher Weg, und dann verbot man ihn mir. Ich hatte wohl versucht, daraus etwas Alltägliches zu machen, ich fühlte mich seiner so sicher, als sei er Wirklichkeit geworden. Das hat sich bitter gerächt.

Ich sah dann ein, dass man sich in jenem Land auf kein Gefühl einlassen und auf keine Hoffnung verlassen dürfe, die den Ablauf der grossen Trostlosigkeit zu stören versucht. Beinahe hatte ich es schon eingesehen, als Jalé und ich uns kennenlernten. Wohl erwachte ich jeden Morgen in einem schattigen, dunklen, sehr alten persischen Garten, aber das änderte nichts daran, dass mich immer als erstes die Beklemmung überfiel, man stelle mich, wie gestern und vorgestern, einer Macht gegenüber, der meine geringen Kräfte nicht gewachsen seien. Immer wurde ich wieder von diesem Land, diesem Himmel, dieser grossen Ebene und ihren Randgebirgen bestürmt – und wohin sich flüchten? Es gab keine Geborgenheit, kein Aufatmen …

Als dann Jalé kam, wollte ich zuerst nicht glauben, dass es den einfachen und sanften Trost zwischen zwei Menschen geben könne. Und als man ihn uns wieder entriss, hätte ich auch diesen Kummer noch als gerecht empfunden, obwohl die strenge Gerechtigkeit des Ausser-Menschlichen uns bitter und unbegreiflich ist: aber man kann sich ja nicht auflehnen. Doch schlimmer als alles war, dass nichts Starkes, nichts Grosses und Unbegreifliches mich spüren liess, dass mein Versuch hinfällig und mein Trost nichtig war, sondern dass ein fremder und gleichgültiger Mensch mir in den Arm fiel und mir Böses antat. In jenem Land hat man keine Feinde, und die Freunde vermögen wenig. Selbst der nächste Mensch sieht nicht, dass man leidet und um Atem ringt; man ist allein. Warum also Feindschaft? Weswegen sollte einer den anderen hassen oder ihm Schmerzen bereiten, die so weit ausserhalb des Möglichen liegen, um was sollte man streiten? Die Windmühlen des Don Quichotte sind noch angreifbar und können seinen Mut reizen; aber dort war nichts greifbar, um was man kämpfen musste, und niemand konnte den anderen auch nur um einen Feind beneiden!

Ich weiss, dass sich einmal alles klären wird. Jalés Tod und mein bitter verirrtes Leben, beide werden zur Verantwortung gezogen werden, und ich werde mich gewiss nicht auflehnen, was man mir auch angetan hat. Eine einzige Anklage habe ich, die bitterer ist als alles andere: dass fremde und gleichgültige Menschen mir in den Arm fallen und mir Böses antun konnten …

Jalé

Als Jalé und ich uns zum ersten Mal sahen, hatte ich Fieber. Mein Zimmer war verdunkelt von den alten Bäumen des Gartens und von seinen dichten Büschen. Es war fünf Uhr abends, ein heisser Julitag. Ich lag auf meinem Bett, von Frost geschüttelt, und wartete auf das Fieber. Jalé war weiss, die blaue Schminke auf ihren Lidern liess ihre Augen noch grösser, ihre Stirn noch weisser erscheinen. Wie eine Krankheit lag das künstliche Rot auf ihren hervortretenden Wangenknochen.

Ich hatte gehört, dass sie lungenkrank sei. Als kleines Mädchen war sie mit ihrer Mutter in Davos gewesen. Dann kam der Weltkrieg, und ihre Mutter, die jung und wunderschön war, verliess ihren Mann. Er liess es das kleine Mädchen entgelten; sie wurde in eine Schule in der Türkei geschickt und durfte ihre Mutter nicht wiedersehen.

Damals war die Türkei arm, ein vom Krieg verwüstetes Land, und kämpfte den heroischen Kampf um seine Befreiung. Auch Jalés Vater war arm, und die Schule war arm, die Kinder konnten sich nicht satt essen. Jalés Mutter bat darum, ihr Kind zu sich nehmen zu dürfen; sie hatte einen reichen Freund. Aber dem Vater war seine Ehre lieber als Jalés ohnehin zu zartes Leben. Jalé glaubte, dass sie bald sterben werde, ohne ihre Mutter wiederzusehen.

Inzwischen errang Kemal Pascha, ein stürmischer und harter Patriot, von der anatolischen Steppe aus seine ersten Siege. Die Griechen in Smyrna wurden ermordet, bald darauf zogen sich die Engländer zurück, und die Armenierverfolgungen begannen. Die tapferen Kurden erhoben sich in ihren Bergen und wurden von Kemal Pascha zum Gehorsam gezwungen.

Jalés Mutter liess das Kind aus der Schule entführen und brachte es in das Haus ihres Liebhabers, eines Dichters, der die Gunst des Diktators genoss. Jalé sagte, es seien ihre glücklichsten Jahre gewesen. Aber als die Krankheit von neuem ausbrach, musste man das Mädchen in ein Sanatorium bringen – diesmal nicht in die Schweiz, sondern in die Nähe von Stambul –, und später nahm sie ihr Vater mit sich nach Teheran.

Er hat eine neue Frau und von ihr seine schönste Tochter: Zadikka. Trotzdem will er die Ältere nicht freigeben. Er wird es Jalé nicht verzeihen, dass seine erste Geliebte ihn verlassen hat. Er wird ihr den Schmerz nicht verzeihen, dass die Tscherkessin jung und schön war, als er sich schon alt fühlte. Er wird ihr nicht verzeihen, dass er von ihrer jungen Mutter nicht geliebt wurde und dass sie auf seine Ehre keine Rücksicht nahm, als sie ihn um eines anderen willen verliess.

Wahrscheinlich liebt er Jalé, die ihrer Mutter gleicht. Aber er wird sie diese Liebe entgelten lassen, und es sieht sich an wie Hass.

»Kann man nichts für Sie tun?« sagte Jalé zu mir.

»Es geht vorbei«, sagte ich. Meine Zähne schlugen vor Frost aufeinander, ich wusste, dass ich jetzt die Knie zusammenpressen und mich an mein Kissen anklammern musste und dass sich die Schmerzen im Rücken bis zur Unerträglichkeit steigern würden. Aber vor Jalé brauchte man sich nicht zu schämen. Meine Hand lag zwischen ihren langen und kühlen Fingern.

»Nachher kommt gleich das Fieber«, sagte sie.

»Ja«, sagte ich, »dann wird alles besser. Dann träume ich.«

Ich sah sie an. Bereits empfand ich ihre ungewöhnliche Gegenwart wie einen Trost.

Gespräch über das Glück

Einmal sagte sie zu mir: »Du musst an das Leben denken, auch wenn ich an etwas ganz anderes denke.«

»An was denkst du?« fragte ich.

»An etwas ganz anderes, sehr weit Entferntes.«

»Warum darf ich es nicht wissen?«

Sie lächelte. »Weil ich es nicht will«, sagte sie, »denn du hast nur Malariafieber, das geht vorüber. Meine Krankheit geht nicht mehr vorüber. Sie trägt mich weg, wie ein Fluss.«

»Ich soll an das Leben denken?«

»Weil ich es nicht kann. Uns steht so Verschiedenes bevor.«

»Wir werden beide in diesem Land bleiben«, sagte ich.

»Verstehst du denn nicht«, sagte sie sanft, »mich kränkt dieses Land nicht mehr. Nicht einmal mein Vater vermag es, mich zu kränken.«

»Jalé«, sagte ich, »er tut dir aber unrecht. Wenn er dich nur von hier fortliesse, in ein Land mit reinerer und stärkerer Luft, wenn er nur erlauben würde, dass deine Mutter sich wieder um dich kümmert …«

»Dann hätten wir einen ähnlichen Weg«, sagte sie, »dann, mein Liebling, könnten wir an dasselbe denken, und ich brauchte nicht zu fürchten, dass ich dich auf meine Seite ziehe.«

»Ja, dann brauchten wir nichts zu fürchten.«

»Warum fürchtest du dich?«

»Du weisst es doch. Ich habe kein Glück.«

Wir sannen darüber nach, was das Wort »Glück« bedeutet, und warum es den einen zukommt, den anderen versagt bleibt, ein Leben lang.

»Vielleicht muss man darum kämpfen?« sagte ich, »aber es gibt so viele andere Dinge, um die man kämpfen muss, und es ist ein unsichtbarer Gegner.«

»Ein Gegner?«

»Die Leute sagen, sie sehnen sich nach dem Glück. Aber das Unbekannte und Weitentfernte, das, was man sich nicht vorstellen kann …?«

»Kannst du es dir nicht vorstellen?«

»Und du?«

»Es ist ein silberner Fluss«, sagte Jalé, »er trägt mich zwischen seinen Ufern, die mir nichts anhaben und mich nicht mehr aufhalten können.«

»Die Hügel weichen auseinander.«

»Dann wird eine Ebene daraus.«

»Zuerst vernimmst du noch den Wind, der die Wolken wie eine Schar von Wildenten über den Fluss jagt.«

»Sie werfen ihre Schatten auf das Wasser, und ich friere ein bisschen. Aber dann hört der Wind auf, und der Fluss wird glatt, der Wind verliert sich in der Ebene, und es wird Abend.«

»Jalé!«

Sie hörte mich nicht. Sie dachte an etwas weit Entferntes.

Wir wollten uns über das Glück unterhalten und merkten nicht, dass wir an den Tod dachten …

Man wird uns in den Arm fallen

Wir führten viele Gespräche zusammen. Wir wollten über nichts Besonderes reden und gaben uns keine Mühe, uns wichtige Dinge zu sagen. Wir wollten uns über nichts klarwerden, und wir hatten es nicht nötig, uns kennenzulernen.

»Vielleicht bin ich gar nicht das Mädchen, welches du dir vorstellst«, sagte Jalé einmal, »vielleicht bin ich ganz anders.«

»Ich stelle mir gar nichts vor«, antwortete ich.

»Du würdest vielleicht enttäuscht sein.«

Aber dabei blieb es auch, und ich hätte keinen Grund zu irgendeiner Enttäuschung gehabt, denn ich dachte nicht viel über Jalé nach, und noch weniger über meine Beziehung zu ihr. Es gab jetzt den Weg von meinem Haus zu ihrem – den Weg mit der vorspringenden Wurzel in der letzten Biegung –, das war, wenn es auch selbstverständlich und alltäglich wurde, auf jeden Fall genug. Nachmittags lagen wir im Schatten des grossen Baumes und redeten, während drüben die jungen Leute, die als Gäste in den Garten der Türken kamen, Tennis spielten. Es waren nette junge Leute darunter, und manchmal setzten wir uns auch an den Tennisplatz und sahen ihnen zu. Aber das weisse Licht machte Jalé müde, und man gewöhnte sich daran, dass wir allein unter unserem Baum blieben; wir durften ohnehin beide nicht spielen.

Gegen Abend kam Jalés Vater aus dem Büro zurück. Er stieg aus dem Auto und ging geradewegs zum Tennisplatz. Im Vorbeigehen grüsste er mich und sprach ein paar Worte mit Jalé. Er hatte eine leise, sehr harte Stimme, und es genügte, um Jalé traurig zu machen.

Sie begann damals, wieder Fieber zu haben, und er machte ihr deswegen Vorwürfe.

»Er will, dass ich zum Tennisplatz gehe und mich um die Leute kümmere«, sagte sie.

»Sieht er nicht, dass du krank bist?«

»Er sagt, wenn ich krank sei, könne ich mich auch nicht mit dir unterhalten. Dann müsse ich in meinem Zimmer bleiben.«

»Wollen wir in dein Zimmer gehen? Vielleicht ist es besser, wenn du im Bett liegst?«

Ihr Gesicht bekam den Ausdruck von gelassenem Leiden, den ich weniger ertragen konnte, als wenn sie geweint hätte. »Nein«, sagte sie, »dort kann ich nicht atmen. Dort fürchte ich mich. Und er würde nicht einmal erlauben, dass du bei mir bleibst!«

»Weiss er denn nicht, dass du gern mit mir zusammen bist?«

»Er hasst alles, was mir Freude macht. Er will nicht, dass mir das Leben leichter gemacht wird.«

Ich begriff jetzt, was uns bevorstand.

»Sei deswegen nicht traurig«, sagte Jalé. Sie drehte meinen Kopf zu sich und sah mich an. »Meine Mutter würde dich liebhaben«, sagte sie.

Wir lächelten beide.

»Schliesslich kann er uns ja nicht trennen«, sagte ich.

»Er kann nicht verbieten, dass ich dich liebe«, sagte Jalé.

»Nein«, sagte ich, »er kann uns nicht trennen.«

Sie hielt meinen Kopf zwischen ihren Händen, wie um mich zu besänftigen. »Doch«, sagte sie, »gerade das kann er. Gerade das wird er tun.«

»Jalé!«

»Sei nicht böse, dass ich es dir sage.«

»Jalé, weiss er denn nicht, dass wir nur uns und nichts anderes als uns haben? Warum sollte er uns so viel Kummer zufügen wollen?«

»Er wird es bald tun«, sagte Jalé sanft.

Ein Gartenfest

Ich habe Jalé wiedergesehen, als ich noch einmal aus dem Lahr-Tal in die Stadt zurückkehrte. Ich muss diese Unterbrechung meines Aufenthaltes zu meiner eigenen Überraschung feststellen, es ist eine chronologische Tatsache, und sie beweist nur, wie wenig das, was wir Wirklichkeit nennen, über uns vermag. Denn so genau ich auch meiner Erinnerung nachspüre: Der erste Abschied war unwiderruflich, und seitdem wir zum ersten Mal in Abala die Maultiere bestiegen und über die beiden Pässe in dieses Tal gelangten, wusste ich, dass dieses mein letzter Weg und dieses Lager mein letzter Aufenthalt sein würde. Ebensogut hätte es eine Totenkarawane sein können, die in der Glut des persischen Sommers über das Gebirge zog, mit kleinem Glockengeläute. Allerdings habe ich solche Karawanen nur in der irakischen Wüste angetroffen; Kamele trugen die langen und schmalen Särge an ihren Flanken, manchmal hatte man die Leichen auch einfach in einen Teppich eingehüllt, und so führte man sie, ihrem frommen Willen gemäss, in die heiligen Begräbnisstädte der Schiiten: Kerbela oder Nedschef. Eine solche Reise dauerte oft dreissig Tage, und die Gräber im heiligen Bereich waren teuer. Aber wie tröstlich war es allein schon, einen letzten Wunsch zu haben, bei dessen Erfüllung die arme Seele sich beruhigen durfte; denn soviel sie auch im Leben geirrt haben mochte, jetzt war, ein einziges Mal, der Weg vorgezeichnet.

Ich denke dabei besonders an die Kameltreiber und Karawanenführer, denn obwohl die Routen, denen sie folgen, seit Menschengedenken die gleichen sind, gibt es doch Sandstürme, die über die Spuren fegen und sie unkenntlich machen; Gewitter waschen den letzten Rest hinweg; im

Frühjahr füllen Ströme aus rätselhaften Quellen die trockenen Furten, an deren Abhängen sonst nur Schlangen und Eidechsen hausen und den nackten Fuss gefährden. Bei solchen Aufständen der Natur stehen die Beduinen ratlos vor ihren flatternden Zelten und wissen nicht mehr, wo die Sonne untergeht; ihre Gebete werden ihnen wie Fetzen vom Mund weggerissen und erreichen das Ohr Allahs nicht, und selbst der beste Karawanenführer kann sich verirren. Er lässt seine Kamele in einem Kreis sich niederlegen, so verharren sie, bis der Sturm nachlässt: die langen Hälse gesenkt, so dass ihre Köpfe sich berühren und sie den Anblick eines Rades bieten.

Nach so vielen Gefahren und Irrwegen, denke ich mir, ist der letzte Wunsch eines frommen Kameltreibers begreiflich. Denn er kann sicher sein, dass die Totenkarawane eines Tages die grüne Oasenstadt Kerbela erreicht oder die weisse Stadt Nedschef, die, von einem breiten Gürtel von Gräbern umgeben und gekrönt von der goldenen Kuppel ihrer Moschee, wie eine Luftspiegelung glimmernd inmitten der Wüste liegt.

Ich habe also den Weg von Abala wiedergesehen. Die Aufstiege der Pässe schienen mir länger, die Abstiege steiler, und noch lebloser lag in der Tiefe die tote Talfurche, ihre winzige Quelle aber war nicht einmal durch eines Vogels Herzschlag mehr bewegt.

Als wir endlich im Auto auf der Landstrasse fuhren, sahen wir in der Ferne einen Dunstkreis über der Ebene liegen, das war der Staub, der die Stadt Teheran einhüllte wie eine giftige Wolke.

Am gleichen Abend gab der Aussenminister einen Empfang. Hundert Lichter erhellten die Büsche, deren Laub unter feinen Staubschichten erstickte, durchbrochene persische Lampen hingen reglos über den kunstvoll angelegten Wegen. Die tödliche Gewalt des Sommers regierte das Fest.

Neben mir sass der deutsche Geschäftsträger, ein Mann, der seit sechs Jahren in Persien lebte und es liebte. Er starb in derselben Nacht an einem Herzschlag.

Zweihundert Gäste waren eingeladen und bewegten sich zwischen den Bosketten und den beiden offenen Galerien des Hauses, von wo breite Treppen in den Garten hinabführten. Oben spielte eine europäische Kapelle. Ich sah von meinem Platz aus die Tanzenden, Damen und Herren in Weiss, mit maskenhaften Gesichtern, blonden Frisuren, glatten Scheiteln. Sie tanzten in einigem Abstand voneinander, die Frauen hielten die Hände wie in leiser Abwehr auf den Schultern ihrer Tänzer.

Jalé sah ich erst spät, ihr Anblick bereitete mir einen eigentümlich scharfen Schmerz: Sie war, seitdem ich sie zum letzten Mal gesehen hatte, kränker geworden.

Auf der Galerie setzte die Musik aus. Ich hörte plötzlich nur noch die Stimmen von Leuten, die sich neben mir unterhielten.

Wie durch eine Gasse kam Jalé, umringt von anderen jungen Mädchen, auf mich zu. Die Gasse war ein Weg zwischen dunklen Büschen; die kleinen Lampen warfen ihr schwaches Licht auf Jalés sehr weisses, sehr geschminktes Gesicht. Ich mass die Entfernung zwischen ihr und mir: Es war nicht weit.

Habe ich dieses Gesicht manchmal angerufen, dort oben? fragte ich mich – aber ich hatte nur mit einem Engel gesprochen, und als ich mich an seine stille Gegenwart in meinem Zeltschatten erinnerte, wurde ich mir meiner Einsamkeit schrecklich bewusst.

Drüben blieb Jalé stehen, sie plauderten, ihre weiche Stimme drang bis zu mir. Obwohl ich Schmerzen in meinem von einer Infektion geschwollenen Fuss hatte, stand ich auf und ging Jalé entgegen.

»Du bist früher zurückgekommen«, sagte sie.

»Nicht wegen des Festes.«

Sie sah mich an.

»Nicht wegen dir«, sagte ich leise, »nur weil ich eine Infektion habe und den Arzt sehen muss. Nur deshalb«, fügte ich hinzu, als gelte es, einen Verdacht meilenweit von mir zu weisen.

»Wer wird dich wieder hinaufbringen?«

»Ja«, sagte ich, »ja, ich werde so bald als möglich wieder zurückgehen.«

»Gewiss«, sagte sie begütigend.

»Und du hast Fieber ...« Ich sah in ihr weisses Gesicht mit den roten Flecken der Krankheit auf den Wangen, und ich erkannte meine Stimme nicht wieder, als ich fragte: »Könnte ich nicht hierbleiben? Könnte ich nicht irgend etwas für dich tun?«

»Komm mit«, sagte sie.

Wir gingen auf die Galerie hinauf, allein. Ich stützte mich auf das Treppengeländer.

»Du kannst ja kaum gehen«, sagte Jalé, plötzlich besorgt.

»Ja, es brennt wie das höllische Feuer«, sagte ich lachend. Wir sahen über die Brüstung in den Garten hinab. Die roten Lampen schwankten jetzt im kaum merklichen Nachtwind.

»Es wird kühl«, sagte Jalé. Die Kühle war nicht mehr als ein kleines Aufatmen; hinter dem Garten lag noch immer die giftige Wolke schwelend über den von der Hitze glühenden Dächern.

»Mein Vater erlaubt nicht mehr, dass ich dich sehe«, sagte Jalé plötzlich. »Er erlaubt nicht mehr, dass ich irgend jemanden sehe.«

Die Leute begannen wieder zu tanzen, ihre weit voneinander entfernten Körper bewegten sich langsam an mir vorbei. Obwohl ich es längst gewusst hatte, ergriff mich ein fassungsloser Schrecken.

»Bitte, nimm es nicht so«, sagte neben mir Jalé.

Schon war sie weit weg von mir. Mir war, als tanzten wir wie die anderen, langsam, und ohne Hoffnung, der festlichen Nacht ringsum zu entgehen.

»Er weiss jetzt, dass ich krank bin. Er will mich nicht verlieren, deshalb trennt er mich von euch. Er hat einen harten Kopf.«

»Kannst du nicht zu deiner Mutter fahren?«

Da sah ich, dass sie mit den Tränen kämpfte. Den Rükken über die Brüstung nach hinten gebogen, atmete sie tief, um sich gegen Schwäche, Fieber und die Gewalt des Weinens zu wappnen.

»Nimm es nicht so«, sagte ich.

»Du warst ja schon so weit fort«, antwortete sie. »Es war doch ein endgültiger Abschied!«

Ich wollte mich auflehnen, nach ihren Händen greifen, anklagen.

»Du würdest ihn nur gegen mich aufbringen«, sagte Jalé, so sanft, als wurde nicht ihr etwas Böses zugefügt, nicht uns beiden. »Er würde annehmen, dass ich mich an meine Freunde um Beistand gegen ihn gewandt habe. Das verträgt sein Stolz nicht. Er würde sich an mir rächen, und dir würde es nichts helfen. Und jetzt muss ich gehen.«

Ich sah sie auf der Treppe, zwischen vielen Menschen, die hinauf- und hinunterstiegen, dann im Garten, dann nicht mehr.

Whisky, Fieber und singende Arbeiter

Der Arzt warf am nächsten Tag nur einen Blick auf mein Bein, das schon bis zur Hüfte geschwollen war.

»Hätten Sie nicht ein bisschen früher kommen können?« fragte er.

»Es war nicht so leicht«, sagte ich, »es ist ein langer Weg.«

»Fieber haben Sie auch, ein ganz ordentliches Fieber.«

»Fieber ist nicht unangenehm.«

»Dafür wird es unangenehm sein, in diesen entzündeten Klumpen hineinzuschneiden.«

Ich kannte seine Art, mit Patienten umzugehen. Ich kannte die englischen Tropenärzte.

»Na«, sagte er, »regen Sie sich bloss nicht unnötig auf. Trinken Sie erst einmal einen kräftigen Whisky.« Er stand auf und holte von einem Wandbrett eine Flasche. »Nachher fahre ich Sie ins Spital.« Er goss den Whisky in ein Glas. »Leider kann ich Ihnen kein Eis geben«, sagte er, »ich habe nichts gegen Mikroben, aber was zuviel ist, ist zuviel. Und dieses klare Sommer-Eis von Teheran kann gar nicht anders, als einen Menschen von Ihrer Resistenz ums Leben zu bringen.«

Nachher gingen wir zu seinem Wagen. Ich wusste nicht, wie ich den entzündeten Fuss aufsetzen sollte.

»Von Ihrem Bungalow bis zu Ihrem Auto ist es sieben Meilen weit«, sagte ich.

Er griff mir unter die Schulter, um mich zu stützen. »Ich wusste ja, dass ein Whisky Wunder tut«, sagte er, »Sie können ja immer noch ganz gerade gehen!«

Als ich aus der Narkose erwachte, sagte ich: »Alles, was

ich gesagt habe, war gelogen. Aber ich möchte gern, dass Jalé kommt.«

»Wir haben schon nach ihr geschickt«, sagte die Nurse, »wir haben auch den Verband abgenommen.«

»Sie sind ein nettes Mädchen«, sagte ich, »aber Sie brauchen nichts von allem zu glauben, was ich gesagt habe.«

»Natürlich nicht«, sagte das nette Mädchen, »wir haben nur den Verband abgenommen, weil Sie es verlangt haben, und wir haben den Brief geschrieben, den Sie diktiert haben.«

»Ich habe keinen Brief diktiert!«

»Es war nur ein ganz kurzer Brief. Und nun wird bald Ihre Freundin kommen, um Sie zu besuchen.«

Es war eine lange und heisse Nacht. Ich sah mein Bein auf dem Leintuch liegen, und meinen Fuss auf einem Kissen. Es war kein Klumpen mehr, die Wunde brannte, trotzdem gehörte der Fuss nicht zu mir.

Am frühen Morgen begannen die Arbeiter zu singen. Man baute ein Haus, ich konnte von meinem Fenster aus das Gerüst sehen. Persische Arbeiter bauen ein Haus in wenigen Tagen; sie schichten Klötze aus feuchtem, ungebranntem Lehm aufeinander und singen dazu. Der Vorarbeiter singt: »Gib mir einen Klotz, gib mir einen halben Klotz, und jetzt einen ganzen, gib mir einen halben Klotz, einen ganzen Klotz …« Manchmal schreit er einen Jungen an, der ihm von unten, unsichtbar für mich, die Lehmklumpen hinaufreicht: »Kannst du nicht hören, du Dummkopf, du Hundesohn!« Das ist die einzige Unterbrechung. Gleich fährt er gleichmütig zu singen fort: »Einen halben Klotz, und jetzt einen ganzen.«

Nach ein paar Stunden begann ich zu schreien. Die nette Nurse kam herein. »Es tut mir leid«, sagte ich, »ich kann mich nicht bewegen, sonst hätte ich geläutet.«

»Sie sollten lieber nicht so schreien, weil nebenan ein Patient mit Typhus liegt.«

»Es tut mir leid …«

»Der Doktor kommt erst um ein Uhr. Er muss den Deutschen einbalsamieren.«

Ich fühlte Übelkeit in mir aufsteigen.

»Das ist nur die Hitze«, sagte das Mädchen.

»Bitte«, sagte ich, »können Sie den Leuten draussen nicht sagen, dass sie aufhören sollen zu singen!«

Sie ging weg. Die Arbeiter sangen weiter, bis Sonnenuntergang. Jalé kam nicht.

In der folgenden Nacht fing ich an, mich mit der Nurse zu unterhalten. »Wie können Sie in dieser Hitze arbeiten?« fragte ich.

»Das ist nur eine Gewohnheit. Wenn man gesund ist …«

»Glauben Sie, dass ich wieder gesund werde?«

Sie lächelte. »Wenn wir nur so leichte Fälle wie Sie hätten!«

»Sie meinen, solange man keinen Typhus hat?«

»Das meine ich nicht. Man stirbt hier draussen leicht, an allem möglichen. Aber sehen Sie einmal Ihren Fuss an.«

»Ja, es ist ein ganz gesunder Fuss.«

»Bis auf die Schnittwunde. In ein paar Tagen können Sie tanzen.«

»Wenn es nur auf das Tanzen ankäme!«

»Hat Ihnen der Doktor nicht gesagt, dass Sie in ein paar Tagen entlassen werden?«

»Wenn es nur *darauf* ankäme!«

»Aber wovor fürchten Sie sich denn?« fragte das nette Mädchen.

Ich richtete mich ein bisschen auf. »Hören Sie«, sagte ich, »glauben Sie, dass ich noch einmal gesund werde? Haben Sie wirklich den Brief geschrieben, den ich damals diktiert habe?«

Sie legte ihre Handarbeit weg. »Natürlich«, sagte sie – mir schien, ein wenig befremdet –, »natürlich!«

»Ja, ich weiss, dass ich Ihnen einen Brief an meine Freundin Jalé diktiert habe.«

»Erinnern Sie sich jetzt daran?«

»Ich habe es zuerst geleugnet, aber jetzt gebe ich zu, jetzt weiss ich ganz genau, dass ich es getan habe. Ich weiss, was in dem Brief steht … Da sehen Sie«, fuhr ich fort, »das Mädchen kommt trotzdem nicht.«

»Vielleicht hatte sie heute keine Zeit?«

»Davon verstehen Sie nichts. Sie wird auch morgen nicht kommen.«

»Könnten Sie nicht ein bisschen Geduld haben?«

»Nein«, sagte ich, »davon verstehen Sie nichts. Wenn man in diesem Land erst einmal mit der Geduld anfängt, dann ist man verloren!«

Das nette Mädchen beugte sich über mich. »Sie haben ein bisschen Fieber, Sie sollten versuchen zu schlafen«, sagte sie. Als ich nicht antwortete, fügte sie plötzlich hinzu: »Man darf nicht anfangen, dieses Land zu fürchten und es für irgend etwas verantwortlich zu machen. Damit darf man erst gar nicht anfangen!«

Kampf gegen die Furcht

Ich versuchte es noch nicht mit der Geduld, ich versuchte es, zum letzten Mal, mit der Auflehnung. Der Arzt musste meine Wunde wieder öffnen, weil sich Eiter gebildet hatte.

»Es tut mir leid, dass ich Ihnen so weh tun muss«, sagte er, »aber es lohnt sich nicht, eine Narkose zu machen.«

»Kennen Sie den alten Türken?« fragte ich.

Die nette Nurse, die meinen Fuss hielt, warf mir einen schnellen Blick zu.

»Bei dieser Hitze«, sagte der Arzt, »soll man dem Herzen nicht zuviel zumuten.«

»Haben Sie nicht das Kind Zadikka behandelt, als sie Dysenterie hatte? Kennen Sie Zadikkas Schwester? Glauben Sie, dass sie sehr krank ist?«

»Sprechen Sie von Jalé? Diese türkischen Mädchen sind zu sehr daran gewöhnt zu gehorchen. Sie wird sich von dem harten Kopf ihres Vaters zugrunde richten lassen.«

»Und sie weiss es ...«

»Ich kann doch nicht Gewalt anwenden! Ich kann sie doch nicht entführen lassen!«

»Nein«, sagte ich zornig, »Sie können nicht einmal dafür sorgen, dass Jalé hierherkommt und mich besucht!«

»Denken Sie einmal ein bisschen an Ihre eigene Gesundheit«, sagte der Arzt.

»Aber ich habe doch wohl das Recht, sie zu sehen!« behauptete ich.

»Gewiss«, sagte die Nurse freundlich.

Der Arzt tastete die Schnittwunde ab. »Und jetzt nehmen Sie sich ein bisschen zusammen«, sagte er.

Ich nahm mich zusammen. Er stach mit dem Messer, wie mir schien, in die empfindlichste Stelle.

Als der Verband wieder angelegt war, liessen sie mich allein. Die Arbeiter sangen, die Lehmmauer wuchs unwahrscheinlich schnell. Wenn sie damit fertig sind, werden sie aufhören zu singen, dachte ich. Aber dann fiel mir ein, dass das neue Haus vier Mauern haben müsse, und dass man nachher, wenn alle vier Mauern stehen würden, daneben wahrscheinlich ein anderes Haus bauen würde. Es wird immer so weitergehen, dachte ich.

Ich konnte die Klingel von meinem Bett aus nicht erreichen, und ich wagte nicht zu schreien, obwohl der Typhuskranke im Zimmer nebenan während der vorigen Nacht gestorben war.

Am späten Nachmittag, als es schon ein wenig kühler wurde, verstummte plötzlich der Gesang vor meinem Fenster.

Die ungewohnte Stille quälte mich fast noch mehr.

Das Brennen im Fuss liess nach, ich lag im Halbschlaf auf meinem heissen und feuchten Leintuch.

Wenn ich jetzt nach der Schachtel greifen und mir eine Zigarette anzünden würde, dachte ich, wenn ich wenigstens rauchen würde, so wäre das ein Zeichen, dass ich fast gesund bin. Und dann hörte ich mich laut rufen: »Ich bin gesund, ich bin gesund …«

Niemand antwortete. Der Schweiss brach mir aus – es war anstrengend gewesen, ins Leere zu schreien. Es ist gut, dass niemand mich gehört hat, dachte ich, man könnte mich sonst für wahnsinnig halten, man schreit nicht, wenn man allein ist. Ich bin doch nicht betrunken, ich bin doch ganz nüchtern, sie haben mir doch nichts gegeben … Angsterfüllt hielt ich inne. Und wenn sie mir etwas gegeben hätten, zum Beispiel Morphium, dann würde ich gewiss nicht schreien, dann hätte ich keine Angst, oh überhaupt keine Angst, und würde gern allein hier liegen. Das wäre … ich begann wieder, es laut zu rufen, das wäre die Hand aus den Wolken!

Bei diesem Gedanken verstummte ich. Ich dehnte den Körper ein wenig, fühlte das zerknitterte Leintuch unter der brennenden Haut und redete mir gut zu. Bald wird jemand kommen, sagte ich mir, man wird mich mit kaltem Wasser waschen und mir etwas zu trinken geben. Dann wird es Nacht. Vielleicht wird es eine kühle Nacht … Ich redete schnell, um keinen Zweifel aufkommen zu lassen. Hinter mir, wo eigentlich die hellhörige Wand war, stand die Angst in einer dunklen Öffnung.

Da trat die Nurse ein. »Sie bekommen Besuch«, sagte sie.

Als Jalé durch die Dämmerung des kleinen Zimmers auf mein Bett zukam, richtete ich mich auf, griff nach ihren beiden Armen und warf den Kopf an ihre Schulter.

Der Abschied

Ich wollte nicht weinen. Es dauerte eine Weile, bis ich soweit war.

»Ich dachte, du würdest nicht kommen«, sagte ich, »ich war sicher, dass du nicht mehr kommen würdest.«

»Es tut mir so leid.«

»Aber du konntest nicht.«

»Ich wollte gleich kommen, als ich deinen Brief bekam. Aber ich konnte einfach nicht.«

»Es macht nichts. Ich bin so glücklich.«

»Es war sehr unvorsichtig von dir, mir einen Brief zu schicken.«

»Ich weiss schon. Ich dachte mir gleich, dass es ein Fehler ist.«

»Es war kein Fehler, es war nur unvorsichtig.«

»Es ist lieb von dir, es so aufzufassen.«

»Red keinen Unsinn. Bitte red nicht so!«

»Aber ich wollte dich unbedingt sehen. Du begreifst doch, dass ich dich sehen musste?«

»Ja, Liebling.«

»Jetzt sehe ich dich, jetzt bist du da …«

»Es tut mir so leid, mein Armes, dass ich dich warten liess.«

»… und gehst nicht mehr weg. Jetzt bleiben wir zusammen.«

Sie schob mich an den Schultern ein wenig zurück und sah mich an. »Ja«, sagte sie, »jetzt lass ich dich nicht mehr allein.«

»Zuerst musst du gesund werden.«

»Du auch.«

»Und dann …«

Sie lächelte mich an. »Dann«, sagte sie, »dann kann uns niemand mehr etwas anhaben.«

»Wir fahren in ein anderes Land.«

»In ein glückliches Land, wo wir beide zu Hause sind.«

»Weisst du, wo es ist?« fragte ich.

»Natürlich«, sagte Jalé ernst, »es ist ein Land, wo niemand uns mehr etwas anhaben kann!«

»Wenn du nur gesund würdest, Jalé!«

»Mach dir meinetwegen keine Sorgen. Du sollst bitte, bitte meinetwegen keine Angst haben!«

»Keine Angst?« fragte ich.

»Nicht, solange ich bei dir bin.«

»Und du bleibst jetzt immer bei mir?«

»Ich habe es dir doch versprochen.«

»Ja.«

»Kannst du nicht ein bisschen Vertrauen haben? Glaubst du mir denn nicht?«

»Oh, bis ans Ende der Welt ...«

Sie neigte sich zu mir. »Wir sind schon beinahe am Ende«, sagte sie.

»Wir sind aber noch ganz jung.«

»Das macht nichts.«

»Wir haben schon so viel Schmerzen kennengelernt, Jalé, und doch sind wir beide ganz jung. Man sollte meinen: am Anfang.«

»Nein«, sagte sie, »darauf kommt es am allerwenigsten an.«

»Es hilft uns nichts?«

»Liebling, du darfst nicht glauben, dass uns irgend etwas helfen kann.«

»Aber ich glaube dir. Ich glaube dir bis ans Ende der Welt.«

»Und hast du dann weniger Angst?«

»Ich denke an das andere Land. Ich denke, dass wir dort richtig glücklich sein werden.«

»Es ist schön für mich, dass du dann keine Angst hast. Es ist schön, das zu wissen.«

»Man muss nur glauben, dass man einmal wieder richtig gern lebt.«

»Ich habe dann immer etwas von dir bei mir.«

»Aber wir sind doch zusammen, Jalé!«

»Ja«, sagte sie sanft, »und jetzt muss ich gehen.«

»Jalé!«

»Mein Liebling.«

»Ist es denn nicht wahr, dass du bei mir bleibst?«

»Nein, das ist nicht wahr. Du weisst doch, dass ich nicht bleiben kann.«

»Bitte«, sagte ich, »bitte, lass mich nicht allein.«

»Du darfst dich jetzt nicht aufregen.«

»Lass mich um Gottes willen nicht allein.«

»Gott hat sich schon lange von uns abgewandt. Du sollst jetzt nicht von Gott sprechen.«

»Ich bitte dich, Jalé, ich bitte dich ...«

»Sei vernünftig«, sagte sie, »wenn man mich morgen noch nicht ins Spital bringt, komme ich wieder.« Sie hielt meine Hände fest, beugte sich über mich. »Versuch bitte durchzuhalten«, sagte sie.

Wir pressten unsere Gesichter aneinander.

»Warum meinst du, dass Gott sich von uns abgewandt hat?« fragte ich. »Warum trennt man uns? Warum nimmt man dich mir weg?«

»Wenn du nur versuchen würdest durchzuhalten«, sagte sie. »Ich kann ja nicht mehr. Ich kann dir nicht helfen. Aber wenn du in ein anderes Land kommst, wird Gott mit allen seinen Engeln sich dir wieder zuwenden. Wenn du nur durchhältst.«

»Ich will nicht, Jalé.«

»Ich kann dich um nichts anderes mehr bitten, Liebling.« Sie stand auf, und wir hielten uns an den Händen fest.

»Versuch, morgen wiederzukommen«, bat ich.

»Ja, mein Liebling.«

»Wenn du wüsstest, Jalé, wie es für mich ist!«

»Ja, Liebling.«

»... dass du jetzt fortgehst und vielleicht nie mehr wiederkommst.«

Sie liess sanft meine Hände los und legte meinen Kopf auf das Kissen. »Wir haben doch gar keinen langen Weg mehr«, sagte sie, »und dann kann man uns nichts mehr anhaben.«

Ich wollte mich noch einmal aufrichten, aber da war sie schon an der Tür.

Jalé wurde am nächsten Tag in das sowjetrussische Spital gebracht. Ihr Vater verbot alle Besuche, um sie zu schonen, wie es hiess. Mich betraf das wenig, ich hätte ohnehin nicht einmal den Versuch unternehmen können, sie zu sehen.

Mein Arzt sagte mir, es gehe Jalé so schlecht, dass nur noch eine rasche Abschnürung der linken Lunge sie retten könne, aber sie selbst fürchte sich vor der Operation, und ihr Vater wolle nichts davon hören. Allerdings glaube ich nicht, dass selbst ein gelungener Eingriff mehr als nur einen kurzen Aufschub bedeutet hätte.

Als mein Fuss fast geheilt war, brachte man mich wieder in das Lahr-Tal hinauf. An den Weg konnte ich mich diesmal kaum erinnern, aber eines Abends bezog ich wieder mein Zelt, und alles war wie vorher.

Der Engel und Jalés Tod (für Cathalene Crane)

Da kam zum zweiten Mal der Engel seines Weges daher. Ich stand vor meinem Zelt und sah ihn kommen, obgleich ich meine Augen auf den Fluss gerichtet hielt, der sich jetzt, um die Abendstunde, in Silber verwandelte. Zwischen flachen und grünen Ufern floss er ungestört, beinahe lautlos, dem gestreiften Demawendkegel zu. Bis dorthin war es ein langer Weg, Schwarzklippen und hohe Rasenbänke würden zurückweichen, das Tal würde sich weiten, im Nachtlicht würde es zur Ebene werden.

Ich wusste, dass jetzt Jalé sterben würde, und ich blickte nicht einmal auf, um den Engel zu grüssen, der in einiger Entfernung von mir stehenblieb.

»Weisst du denn, wohin dieses Wasser fliesst?« fragte er.

»Nein«, sagte ich, »aber es ist Jalés Todeswasser, und es wird Nacht darüber werden.«

Des Engels Gegenwart störte mich. Meine Gedanken waren bei ihr, und nichts verband mich mit ihr als das beinahe lautlose Strömen; mir war, als erreiche es schon fast mein Herz, und bald würde es durch mich hindurchströmen: dann wäre ich noch einmal mit ihr vereinigt, wenn auch auf rätselhafte Weise.

Der Engel schwieg. Er schwieg so lange, dass ich seine Gegenwart vergass.

Als er wieder zu sprechen begann, erschrak ich sehr.

»Was du da treibst, ist frevelhaft«, sagte er. »Du weisst doch, dass es dir nichts helfen wird und dass du dieses Mädchen nicht mehr sehen wirst. Du weisst doch, dass kein Mensch auch nur für einen noch so kurzen Augenblick in das Herz des anderen eindringen und sich mit ihm vereinigen kann. Selbst deine Mutter hat dir nur den Leib gegeben, und was du mit dem ersten Atemzug eingesogen hast, war Einsamkeit.«

»Ich weiss es«, sagte ich, »aber wir haben keinen anderen Trost, als einander zu lieben und beizustehen.«

»Kannst du ihr denn jetzt beistehen?« fragte der Engel, seine Stimme war ganz ohne Hohn, »jetzt in ihrer bittersten Stunde, denn sie ist zu jung, um zu sterben.«

»Ich muss zu ihr!« rief ich unbeherrscht, »auf einem guten Maultier kann ich in acht Stunden auf der Landstrasse sein, und wenn ich Glück habe, treffe ich dort einen Wagen an, der mich noch diese Nacht nach Teheran bringt!«

»Man wird dich nicht zu ihr lassen. Du wirst dann an der Tür des Spitals stehen, vielleicht, bestenfalls, im Gang vor ihrem Zimmer ...«

»Ich werde schreien!«

»Ja, schreien und weinen wirst du in deiner Ohnmacht. Das haben die Menschen immer getan, heute und vor hundert und vor tausend Jahren, immer haben sie sich ohnmächtig aufgelehnt.«

Ich sah ihn an, bebend vor Hass.

»Und was sie Schicksal nennen, und wogegen sie sich auflehnen, ist in Wirklichkeit nichts, ein winziges Hindernis auf ihrem Weg.«

»Du lügst! Du bist ein Engel und verführst mich, zu denken wie ein Mensch!«

Er sah nachsichtig über mich hinweg. »Was hindert dich denn jetzt, zu ihr zu gehen?« fragte er. »Du weisst, dass sie dich sehen möchte, vielleicht hat sie gar keinen anderen Wunsch mehr, vielleicht klammert sie sich an die Hoffnung, dass du noch in dieser Nacht ihr Zimmer betrittst.«

Jalés Gesicht tauchte vor mir auf, ihre weisse, vom Fieber feuchte Stirn, die roten Flecken der Krankheit auf ihren Wangen, ihre schönen, zärtlich leicht geöffneten Lippen mit der kaum merklichen Krümmung der Mundwinkel, die ihre Schmerzen verriet. Und sie sah mich an … Ich vergass alles, ausser diesem Gesicht, das mich mit seinen Schmerzen ergriff, und bat: »Gibt es denn keine Möglichkeit?«

Sehr mild antwortete jetzt der Engel: »Ihr Vater verbietet dir, sie zu sehen. Ich glaube nicht, dass er dafür gute Gründe hat. Um die Wahrheit zu sagen, ich glaube, dass seine Gründe schlecht sind und aus einem verbitterten Herzen kommen. Aber was hilft es dir, das zu wissen? Er fällt dir in den Arm. Ausserdem bist du sehr weit von ihr entfernt, wer weiss, ob du sie überhaupt noch erreichen könntest.«

Ich weinte. Meine Auflehnung war vergeblich. »Was habe ich diesem Mann getan?« fragte ich.

Ich sah, dass der Engel sein Haupt schüttelte. Ein wenig hob sich die Wolke, die wie ein Mantel um seine Schultern lag. Und mit beinahe menschlicher Traurigkeit sagte er: »Siehst du denn nicht ein, dass du so nicht rechten darfst? Du wirst sonst zugrunde gerichtet werden durch die begreifliche Ungerechtigkeit der Welt. Auf was habt ihr denn eure Hoffnung gestellt? Auf einen fremden Menschen, dessen Herz verbittert ist, vielleicht ohne seine Schuld, und der sich an seiner Tochter rächt und dir in den Arm fällt? Dabei ist es nicht ausgeschlossen, dass er dieses Mädchen liebt. Hast du deine Hoffnung auf nichts anderes gestellt als auf einen Fremden, auf die Dauer einer Nacht, auf einen Maultierpfad?«

Aber selbst dieser Pfad lag jetzt im Dunkeln, denn es war inzwischen Nacht geworden.

Der Engel hatte sich auf einen Stein am Flussufer gesetzt. Ich sah ihn dort, vielmehr erkannte ich nur noch die

Umrisse seiner Gestalt, die einem fremden Götterbild glich, und die helle Wolke seines Mantels, die nun wie der Ring eines Heiligen still in der Finsternis lag.

»Sie hat Narben an ihrem Handgelenk«, sagte ich, »weil sie einmal zu sterben versuchte. Das war, als man sie von ihrer Mutter trennte.«

»Und du?« fragte der Engel, und ich erkannte seine strenge und weltferne Stimme wieder, »hast du nie sterben wollen? Warum denkst du daran?«

»Ich denke nur, dass dieser letzte Ausweg uns immer offenbleibt!«

»Eine so *geringe* Meinung hast du vom Tod? Er ist dir eben noch gut genug, um dir selbst zu entgehen?«

»Nicht mir, sondern dem Leben. Es fügt mir zu viele Schmerzen zu. Ein fremder Mensch kann mir Böses antun. Ein so winziges Hindernis kann mich zu Fall bringen.«

»Und gegen so geringe Mächte rufst du die letzte und grösste zu Hilfe?«

»Sei nicht unerbittlich«, sagte ich, »du weisst es: So geringe Mächte bringen mich zu Fall. Wen soll ich anrufen? Ich fühle mich schwach, ich will den Kampf aufgeben. Sei nicht unerbittlich, erlaube es mir!«

»Ich kann dir nichts erlauben und dir nichts verbieten. Ich wünsche nichts anderes, als dass du dich aufgibst und fallen lässt. Fast bist du soweit.«

Ich lehnte mich an einen Zeltpfosten, ich war müde, und die Entfernung zwischen mir und der unbeweglichen Gestalt des Engels schien zu wachsen.

»Willst du nicht versuchen zu beten?« fragte er. »Hast du nicht alles andere schon versucht?«

»Und während ich bete«, schrie ich, »wird Jalé sterben!«

»Auf was hoffst du noch?«

Was wusste er von Jalés nahem und trostreichem Antlitz, welches mir nun entrissen wurde!

Er schwieg und sah über den Fluss hinweg und das Tal hinab, als gelte für ihn keine Dunkelheit.

Langsam hob sich die Wolke von seinen Schultern, schwebte vogelleicht nach oben, glitt dem schimmernden Gipfel des Demawend zu und entschwand.

Der Engel sass entkleidet und regungslos. »Vor einigen Wochen«, sagte er, »meintest du, mit deiner Kraft am Ende zu sein. Seither hast du dich nicht an mir aufgerichtet, obwohl ich eigens den Weg bis zu deinem Zelt gegangen bin. Du zogst es vor, dich an eine Hoffnung menschlicherer Art zu klammern. Wohin hat es dich geführt?«

Da meinte ich, zusammenzubrechen. »Führ mich von hier weg«, rief ich, und meine Stimme brach, ich weinte laut, »führ mich aus diesem Tal hinaus, bring mich nach Hause! Ich will nach Hause!«

Die Stimme des Engels antwortete: »Ich bin hier beheimatet. Bist du nicht freiwillig in dieses Tal gekommen, dem du jetzt entgehen willst?«

Geschüttelt von Weinen hielt ich mich an dem Zeltpfosten fest. »Freiwillig«, brachte ich hervor, »ach, weisst du, der du ein Engel bist, denn nicht, wie es um die Freiwilligkeit von uns Menschen bestellt ist? Wer hat mich hierhergebracht? Warum musste ich so viele Wege gehen, warum mich immer weiter verirren? Zuerst hiess es Abenteuer, dann war es Heimweh, dann begann ich, mich zu fürchten, und niemand half mir. Oh, gewiss hat mich jemand fortgetrieben, ich will anklagen, ich will gegen jemand Anklage erheben, ich will nicht, dass man mich verantwortlich macht, ich will nicht, dass man mich hier allein sterben lässt, ich will, dass man mich nach Hause bringt!«

Ich lauschte erschöpft meiner verhallenden Stimme. Dann kam ein Echo zurück, auf leichten Füssen lief es über den Fluss, und ich hörte: »Ich will, dass man mich nach Hause bringt!«

Der Engel schwieg lange. Endlich sagte ich, leise, denn ich wollte ihn um Verzeihung bitten: »Deine Wolke ist verlorengegangen!«

Er lächelte. Ich sah, dass er lächelte!

»Was kümmert dich meine Wolke!« sagte er.

Und als ich schon glaubte, von Gott und den Menschen, von meinem geliebten Vater sogar, verlassen zu sein, hörte ich aus der nun völligen Dunkelheit des Engels Stimme: »Du bist am Ende.«

Ich verstummte vor Schrecken.

»Du bist am Ende, im völlig Dunklen«, wiederholte der Engel in seiner weitentfernten und verbindlichen Art. »Gib zu, dass du, trotz deiner jungen Jahre, alle Wege versucht hast. Es waren Auswege, Umwege und Irrwege. Du hast nichts Böses getan, glaube nicht, dass du schuldiger bist als andere. Du hast deine Mutter geliebt, du warst verzweifelt, als du einsehen musstest, dass Gott auf dieser Welt nicht unter die Händler geht und dass jede Entscheidung ein Opfer ist. Du kanntest dich selbst nicht und wolltest niemandem weh tun – das ehrt dich. Da begannen deine Irrtümer. Du hast dich bis nach Persien vertreiben lassen, du wolltest sogar sterben, oh, glaube nicht, dass du mir irgend etwas verbergen kannst, denn, wenn ich auch hier beheimatet bin, so bin ich doch ein Engel ...«

»Ich bin zehnmal zurückgekehrt«, wandte ich ein, »wenn auch nicht immer freiwillig.«

»Endlich kamst du hier herauf«, sagte der Engel. »Ihr mögt dieses Tal in eurer leichtfertigen Art ›The happy valley‹ nennen, du aber weisst, dass es das ›Ende-der-Welt-Tal‹ ist. Hier musst du umkehren.«

»Lass mich sterben!«

»Damit wäre dir doch nicht geholfen. Glaube mir, wenn du auch an Jalés durchschnittenes Handgelenk denkst – dieser Weg unterscheidet sich wenig von den anderen, die dich in meinen Bereich geführt haben. Sei demütig! Glaube nicht, dass du irgend etwas entgehen kannst!«

»Natürlich weiss ich darüber nicht Bescheid«, sagte ich.

»Aber du weisst«, sagte der Engel, »dass du heute, in dieser Nacht, am Ende angelangt bist. Gib es auf!«

Ich presste mein Gesicht an den Zeltpfosten.

»Du stehst an einer dunklen Wand. Gib es auf!«

»Wenn ich es aufgebe, wenn ich sterben will, kann ich dann nicht durch diese Wand stürzen? Wird sich nicht ein Loch öffnen, werde ich nicht hindurchstürzen wie ein Stein, und drüben aufgenommen vom dunklen Todeswasser?« Ich presste meinen Kopf so stark gegen den Pfosten, dass ich glaubte, er müsse umsinken und mich mit sich niederreissen.

Den Engel konnte ich nicht mehr sehen. Es war dunkle Nacht. Aber sicher sass er noch dort, von der Wolke entkleidet, auf seinem Stein und sah talabwärts. Auch konnte ich seine weltentfernte Stimme hören: »Du bist am Ende, aber dann ist die Hilfe am nächsten. Kehre um.«

Ich weiss nicht, was Jalé in jener Nacht durchmachte. Ich konnte nie erfahren, wie sie gestorben ist. Aber sie war allein …

… Nicht mehr viel Zeit

Es bleibt mir nicht viel Zeit. Der Sommer geht zu Ende, und das bedeutet in diesen Höhen unwiderruflichen Aufbruch. Der Wasserspiegel unseres Flusses ist jetzt so niedrig, dass wir nur noch ganz kleine Fische fangen können. Die weissen Streifen am Kegel des Demawend sind dünn und abgenützt, die verbrannte Vulkanerde macht sich drohend breit. Aber bald wird Schnee fallen, dann wird die Pyramide wieder ihr unirdisch glanzvolles Gewand zur Schau tragen, und wir, dem herrlichen Anblick nicht mehr gewachsen, werden das Zeichen verstehen. Vielleicht sind es bis dahin nur noch wenige Tage? Von was sollen wir leben, wenn der Schnee die Weiden zudeckt, das Eis die Fische verjagt oder tief unten in einen tödlichen Schlaf senkt? Die Nomaden brechen auf und ziehen an unserem Ufer vorbei zum Afje-Pass, der sie über zwei Gebirgskämme in ein milderes Tal hinüberführt. Langsam wie das Wasser ziehen sie, schwarze und weisse Herden, rotleuchtende Frauenröcke, glänzende Kupferkessel, Ziegenfilz und lange Zeltstangen, hochbepackte Maultiere, Männer und Knaben.

Ich würde diesen grossen Aufbruch mit mehr Fassung ertragen und dem Ende mit weniger Angst entgegensehen, wäre die Furcht nicht schon so gross in mir geworden, dass nichts anderes mehr neben ihr Platz hat. Ich bin ganz erfüllt von ihr und weiss, dass jedes Gefühl von ihr ergriffen, angesteckt, aufgezehrt wird.

Nicht nur die Nomaden ziehen in ihre Winterquartiere, auch die Kamele, die während eines kurzen Sommers frei auf schmalen Felsbänken gingen und zwischen Basaltblöken ihr Futter suchten, werden jetzt von ihren mageren

Weideplätzen heruntergeholt und zum Afje-Pass getrieben. Man wird sie nach Veramin bringen, in die grossen Karawansereien, auf den berühmten Kamelmarkt Irans. Dort ist die Luft weich, selbst im Winter, und das Futter reichlich. Aber die Kamele wissen davon nichts, die Freiheit hat sie rebellisch gemacht, sie brechen aus und traben mit schlenkernden Beinen an das Flussufer zurück. Was hilft es ihnen, sie werden eingeholt, die Schreie der Treiber machen sie stutzig, sie erinnern sich, werden zahm und lassen sich wieder auf den Pfad führen. Endlich steht oben, wo der Pass sich hinübersenkt, eine ganze Schar; noch sind die Tiere unruhig, noch recken sie die Hälse und reiben die bebenden Flanken aneinander; übernatürlich gross, vom kalten Licht umflossen, erblicken wir von unserem Lager aus die bewegte Herde. Dann tauchen sie unter.

Auf was warten wir noch?

Gestern abend wurde im Zelt von der Abreise gesprochen. Unsere Diener sind ungeduldig, und die Vorräte gehen zu Ende. Ich hörte zu und wusste, dass dies alles mich nichts mehr angeht. Sie fragten mich, ob ich etwa hierbleiben und mich einschneien lassen wolle.

Aber es war eine überflüssige, eine falsche Frage; nicht darum handelt es sich. Zurück ins Tiefland? Zurück in die Stadthäuser Teherans? *Zurück?* Ich kann nicht noch einmal anfangen. Ich habe mich oft gefragt, während ich diese Aufzeichnungen machte, wer mich in das »glückliche Tal« gebracht hat; ich bin einigen Erinnerungen nachgegangen, aber nie weit genug zurück, um den Anfang zu finden.

Nein, niemand hat mich hier heraufgeführt, niemand ist schuld daran. Aber eines ist doch wohl klar und lässt sich nicht missverstehen: Der Rückweg ist verschlossen, davor steht der riesenhafte und bald in himmlische Reinheit gekleidete Leib des Demawend. Freiheit gilt nur, solange man die Kraft hat, von ihr Gebrauch zu machen. Ich aber habe sie missbraucht. Nun ist auch Jalé gestorben – selten war ein Mensch unschuldiger –, was soll ich noch? Ich war viel freier als sie, deshalb hat sie, was ihr geschah, mit viel weniger Bitterkeit ertragen. Was mich jetzt hier hält, ist die äusserste Hoffnungslosigkeit. Mich hält die Hand aus den Wolken, und sie wird sich im rechten Augenblick zurückziehen. Darauf warte ich noch – auf nichts anderes, auf keine Abreise, auf keine Heimkehr.

Ich weiss, dass ich es niemandem werde begreiflich machen können. Auch was ich hier geschrieben habe, ist völlig nutzlos; das bekümmert mich zuweilen. Denn meine Furcht gilt nur zwei Dingen: dem marternden Gefühl der Krankheit und Schwäche, weil ich es fast nicht mehr ertragen kann, und dem Gedanken, dass ich nicht genug Zeit haben werde, alles aufzuschreiben. Es wird täglich weniger, die Anstrengung ist zu gross. Und täglich glaube ich weniger, dass ich irgendeinem Menschen verständlich machen kann, wie furchtbar es ist, was sich hier oben vollzieht, und dass mein Leiden und die Furcht und alle Schmerzen echt sind, selbst wenn sie euch gegenstandslos und deshalb unberechtigt scheinen mögen. Nicht darauf kommt es an, nicht darauf! Aber das versteht nur, wer ihnen einmal verfallen ist. Nicht viele Dinge berühren mich jetzt; sie sind alle zu weit entfernt, ich müsste Siebenmeilen-Stiefel tragen, um sie noch einmal einzuholen. Selbst allein zu sein und allein zu sterben würde mich nicht so erschrecken, könnte ich nur auf irgendeine Weise noch das Herz der Welt und das fröhliche, lebensdurstige Herz der Menschen erreichen, welches gefüllt mit Hoffnung der Zukunft entgegenschlägt.

Manchmal legt sich die qualvolle Unruhe, und ich kann aufatmen und mich besinnen. Dann wende ich mich nach allen Seiten und weiss nicht, wohin ich mich wenden soll – Dornbüsche der Ratlosigkeit schlagen mir ihre Zweige ins Gesicht. Die Zukunft ist tot, dort regt sich kein Lufthauch, dort gibt es keine Farbe, dort ist es nicht dunkel und nicht hell, und bis dorthin ist ein langer Weg, den ich nicht mehr gehen kann.

Ich weiss jetzt Bescheid über die Hindernisse; Gebirge, Wüste und Meer türmen sich vor mir auf, breiten sich vor mir aus, ich habe viel darum gegeben, sie zu überwinden, immer trug mich eine Hoffnung, die ich nicht einmal benennen wollte: denn nur so lebt man, durch namenlose Hoffnungen. Glückliche Menschen vertauschen sie mit Zielen, die sie an ihrem Weg aufstellen wie schöngemalte Passionen. Aber meine Städte hiessen: Konstantinopel, Aleppo, Bagdad, Persepolis – und dann kamen die namenlosen Städte, die vergessenen und verschütteten, die Ruinenhügel. Dann kamen die namenlosen Wege, die namenlosen Gebirge und dieser Ort, den wir getauft haben: »Das glückliche Tal«.

Denn hier ist jede Hoffnung überflüssig geworden. Es finden sich zwar immer wieder Leute, die den Mount Everest besteigen und dafür ihr Leben aufs Spiel setzen wollen – ein sinnloser Ehrgeiz. Aber weit sinnloser wäre es, wenn ich mich heute oder morgen dazu überreden liesse, ein Maultier zu besteigen und den langen und mühsamen Weg nach Abala hinunterzureiten. Sie wollen *ihr Leben aufs Spiel setzen,* und sie gewinnen es mit zehnfacher Freude wieder, wenn sie glücklich zurückkehren, obwohl auch der Gipfel des Mount Everest nichts bedeutet als eines jener Ziele, das sie sich selbst zum Trost und Ansporn gesetzt haben …

Aber sollte es etwa gleichgültig sein, was wir auch immer unternehmen, wenn wir nur unsere Kräfte mutig einsetzen und unser Leben ohne Verzweiflung zu Ende führen? Sollten nicht die Flucht, der Ausweg, die Verirrung falsch sein, die mich hierher – an den äussersten Rand – gebracht haben? Hätte auch daraus ein gutes und tapferes Leben werden können, wenn ich der Krankheit und der Angst widerstanden hätte? Wird man mich zur Verantwortung ziehen, nur weil ich der namenlosen und qualvollen Verzweiflung nichts entgegensetzen konnte?

Habe ich Europa und meine Heimat nicht aus Gewissenhaftigkeit verlassen? Es ist jetzt zwei Jahre her; es galt dort, sich zu entscheiden und für etwas zu kämpfen, selbst wenn man den grossen Zwiespalt, der die Völker zerreisst und die Menschen vergiftet, nicht gewählt hatte. Untätig zuzuschauen war gewissenlos – und ich ertrug es auch nicht. Noch viel weniger wollte ich kämpfen, mir kam die Rolle falsch vor, die man mir auferlegte. Ja, ich bin aus Gewissenhaftigkeit weggegangen, und viele haben mich um meine Freiheit und um meine Wahl beneidet.

Aber hier verliert auch die Freiheit ihren Sinn. Ich will keinen Anspruch mehr auf meine Freiheit erheben, ich möchte nur zurückkehren, und ich kann nicht, ich kann nicht, und ich weiss es.

Ich erwachte heute unter dem Druck einer unmenschlichen Beklemmung. Im Traum wollte ich schreien und hatte keine Stimme mehr, und als ich versuchte, wach zu werden und den qualvollen Schlaf abzuschütteln, lag statt seiner die Furcht wie eine schwarze Decke auf mir. Ich brachte es über mich aufzustehen und taumelte gegen den Zeltpfosten. Draussen glitt Nebel über die dämmernden Wiesen, vom Fluss stieg Rauch auf, ich ging bis zum Ufer und liess mich langsam ins Wasser gleiten. Die Kälte nahm mir den Atem, ich wurde ein Stück flussabwärts getragen und hielt mich endlich an der überhängenden Böschung fest.

Dann lag ich wieder auf meinem Bett und sah das Morgenlicht in mein Zelt strömen, eine breite, weisse Bahn. Ich fror entsetzlich. Mein Diener brachte mir Tee, gleich darauf kam er mit den beiden jungen Engländern zurück, die als letzte mit mir im Lager zurückgeblieben waren.

»Wir bringen Sie morgen nach Abala«, sagten sie.

»Es ist nichts«, sagte ich, »morgen bin ich wieder gesund.«

Da merkte ich, dass ich wirklich meine Stimme verloren hatte.

Endlich kam das Fieber. Es war eine grosse Erlösung, ich fühlte es durch meinen Körper strömen und streckte mich aus und konnte wieder atmen. Aber dann wurde es so stark, dass ich glaubte, meine Schläfen würden zerspringen. Ich betete, ein sinnloses Gebet gegen die Zeltwand. Es soll aufhören, betete ich, aber ich war überzeugt, dass es nicht mehr aufhören würde. Die Engländer gingen fischen.

»Wenn wir zurückkommen, ist das Schlimmste vorbei, und Sie werden einen Whisky mit uns trinken«, sagten sie.

Ich betete wieder, als sie fort waren, und glaubte, dass ich mit zersprungenen Schläfen sterben würde. Machmud sass die ganze Zeit vor dem Zelteingang und warf Steine in den Fluss. Ich sagte ihm, dass er weggehen solle. »Ich bekomme noch Besuch«, sagte ich. Er schien nicht erstaunt und ging, ohne sich umzusehen.

Ich stand auf, beugte mich über den Klapptisch, fand einen Bleistift und ein paar Bogen Schreibpapier. Ich fühlte mich, als wäre ich stark betrunken, wankte zum Bett zurück und liess das Papier auf der Decke liegen. Ich lag sehr ruhig und hielt meine Schläfen mit den Händen fest.

Als das Fieber nachliess, begann ich zu weinen und weinte so lange, bis ich glaubte, mein Kopf sei nun ganz leer geworden …

Anhang

Persien
oder die »himmelweite, weltumspannende Fremde«[1]

Für Fredric Kroll

»Ganz andere Kräfte als ein ›Verfasser‹
arbeiten an einem Werk.«[2]
Paul Valéry

I

Der Selbstmord Ricki Hallgartens verhinderte die erste Reise nach Persien, die Annemarie Schwarzenbach mit ihm und ihren Freunden Erika und Klaus Mann im Frühling 1932 hatte unternehmen wollen.[3] Nach ihrer grossen Reise nach Vorderasien, die sie im Frühling 1934 doch noch bis nach Persien geführt hatte, schrieb sie in der vertrauten Schweizer Umgebung: »Persien ist kein Schicksal. Nur eine grosse Erfahrung.«[4] Doch schon wenige Monate später reiste sie wieder dorthin, um in Rhages an den Ausgrabungen der amerikanischen »Joint Expedition to Persia« mitzuarbeiten. Und wieder einige Monate danach war sie in Teheran verheiratet mit dem französischen Diplomaten Claude Clarac, den sie während ihres zweiten Aufenthaltes in Persien kennengelernt hatte! Und, als wäre es nicht genug mit den »grossen Erfahrungen«, besuchte sie 1939 dieses »ferne und exotische Land« zum vierten und letzten Mal während ihrer Reise nach Afghanistan mit Ella Maillart.[5]

Kein anderes Land übte auf Annemarie Schwarzenbach einen solchen Sog aus wie Persien. Es ist *die* Chiffre für ihr Leben und Schreiben. Schicksalhaft trieb es sie immer wieder dorthin, um »namenlosen Anfechtungen zu erliegen«[6], um dem Geheimnis ihrer inneren und äusseren Unruhe schreibend auf die Spur zu kommen – und sie reiste ab und kehrte erneut zurück ... Nicht weniger als vier ihrer Werke haben denn auch dieses Land teilweise oder ganz zum Thema: das Reisetagebuch *Winter in Vorderasien* (1934), der Erzählungsband *Bei diesem Regen* (entstanden 1934/35), *Tod in Persien* (entstanden 1935/36) und *Das glückliche Tal* (1940), nicht zu reden von den zahlreichen Artikeln und Fotografien.

Wird im Reisetagebuch »Asiens desperate Grösse« meist von der geschmeidigen, exakten Sprache noch gebändigt, ist der Grundton der Geschichten schon »syrisch und daher schwermütig und einsam«.[7] In einer der in Persien spielenden Erzählungen macht eine Amerikanerin folgende Aussage über ihre Schwierigkeiten mit diesem Land: »Die Natur ist hier so stark, dass sie einen tötet. Man müsste aufhören, ein Mensch zu sein, an die menschlichen Bedingungen gebunden. Man müsste ein Stück Wüste und ein Stück Gebirge werden können, und ein Streifen Abendhimmel. Man müsste sich dem Land anvertrauen und darin aufgehen. *Dagegen* zu leben ist ein solches Wagnis, dass man vor Angst umkommt.«[8] Diese Sätze führen geradewegs zu *Tod in Persien,* wo Annemarie Schwarzenbach ihre eigenen – vergeblichen – Versuche, in Persien leben zu können, offen gesteht und aus lauter Angst vor der Fremde/dem Fremden darin aufzugehen und umzukommen scheint.

II

»In Persien stehen Verkehrspolizisten
bis vier Uhr morgens in totenstillen Städten.«[9]
Leo Matthias

Jemand, der mit der Biographie von Annemarie Schwarzenbach nicht vertraut ist, liest *Tod in Persien* vermutlich in erster Linie als sehr persönliche, das heisst radikal autobiographische Aufzeichnungen eines weiblichen Ich, das mit Annemarie Schwarzenbach assoziiert wird. Der Kenner oder die Kennerin ihrer Vita wie ihres Werkes aber wird bei der Lektüre auf Namen und Fakten stossen, die ihm/ihr aus Briefen und anderen Texten wie *Winter in Vorderasien* oder *Bei diesem Regen* dieser Autorin bekannt sind.

So stehen die meisten (Vor-)Namen unverschlüsselt: »Claude« ist Annemarie Schwarzenbachs Ehemann Claude Clarac, »Barbara« entspricht ihrer späteren Freundin Barbara Hamilton-Wright, »Malraux« ist natürlich André Malraux, und »George« und »Van« sind die amerikanischen Archäologen George Carpenter Miles und Van W. Knox.[10] Verschlüsselt sind einzig die Namen des deutschen Archäologen »Richard« und von »Eva«, hinter denen sich sehr wahrscheinlich Karl Bergner[11] und Marieluise Regler, die Gattin des deutschen Schriftstellers und Kommunisten Gustav Regler[12], der im Text erscheint, aber namentlich nicht genannt wird, verbergen. Dank Schwarzenbachs Briefen an Klaus Mann aus Persien[13] können wir auch den Tatsachencharakter eines grösseren Teils von *Tod in Persien* hinterfragen. Vieles darin wird durch sie bestätigt, so die Geschichte mit »Jalé«[14], andere Passagen entziehen sich jedoch diesem Vergleich.

In einem Brief aus Persien und auch in *Tod in Persien*[15] gibt Annemarie Schwarzenbach selbst der Art ihrer Niederschrift die merkwürdige Bezeichnung »unpersönliches Tagebuch«. Also autobiographische Aufzeichnungen in Form eines Tagebuchs? Eines seiner Merkmale wie die in *Winter in Vorderasien,* dem »Tagebuch einer Reise«, verwendete Datierung fehlt jedoch. Trotzdem basieren wie dort viele Passagen im Persien-Text auf Tagebuchnotizen, wenn dieser auch keiner exakten Chronologie der Ereignisse verpflichtet ist.[16] Die Charakterisierung »unpersönliches Tagebuch« stiftet schon grössere Verwirrung – trifft aber den Kern des Textes.

Wenn man das »Tagebuch« im Prinzip als persönliche Notizen eines schreibenden Ich in chronologischer Reihenfolge versteht und in dieser Begrifflichkeit auf *Tod in Persien* anwendet, entpuppt sich das sogenannte Tagebuch in Wirklichkeit als ein Konglomerat von Erzählformen: Autobiographie, Reisebericht, Erzählung. Diese Art Fiktionalisierung hat sicher auch mit der unterschiedlichen Entstehungszeit des Textes zu tun. Während Schwarzenbach die ersten tagebuchartigen Notizen im August 1935 noch an einem der Schauplätze, dem Lahr-Tal, genannt das »glückliche Tal«, über die aktuellen Ereignisse macht, entsteht die definitive Fassung erst einige Monate nach der Rückkehr in Sils von Januar bis März 1936. Dieser fügt sie – zum Beispiel mit der Schilderung der beiden früheren Persien-Aufenthalte oder des Besuches in Moskau – Begebenheiten hinzu, die einer anderen Erfahrungs- und Zeitebene entsprechen. Mit den beiden Engel-Kapiteln kommt, wenn auch inhaltlich und strukturell nicht offen deklariert, ein weiteres fiktives Element hinzu. Die entscheidende Fiktionalisierung vollzieht sich allerdings erst beim Schreibprozess durch die Verknüpfung und Vermischung all der genannten unterschiedlichen Erfahrungs- und Zeitebenen sowie Erzählformen zu *einer Erzählung.*

Soviel der Text bekennt, so viel verschweigt er – und gibt der komplexen Beziehung Autobiographie–Fiktion eine zusätzliche Dimension. Trotz des »bitteren Dranges zum Geständnis«[17] gibt die Autorin zu, dass »nirgends deutlich ausgesprochen wird, *warum* (Hervorhebung von R. P.) ein Mensch sich bis nach Persien (...) treiben lässt, nur um dort namenlosen Anfechtungen zu erliegen«.[18] Und schon in der »Vorbemerkung« gesteht sie, dass sie eine »uns allen zugängliche Vorgeschichte« hätte liefern müssen: »Nur so würde ich den Leser befriedigen und dem Verleger ein brauchbares Buch anbieten können.«[19] Dass das Verschweigen der Begründung ihrer Persien-Reise(n) in der Bedeutung dieses Landes als eigentlicher Reise- und Schreibraum für sie liegt, wo das Namenlose des Fremden den wahren und deshalb *unaussprechbaren* »Grund« ihres Schreibens bildet, soll im Kontext der letzten beiden Teile dieses Essays verständlicher werden. Dass der nicht genannte Reisegrund und die fehlende Vorgeschichte aber auch durch die »äussere« Biographie bedingt und für das Verständnis der Verzweiflung der Ich-Figur in *Tod in Persien* ebenso wichtig sind, soll anhand der Beziehung von Annemarie Schwarzenbach zu vier in ihrem Leben massgeblichen Personen gezeigt werden, deren Problematik zur Zeit der Entstehung des Textes dort unerwähnt bleibt und die als Namen entweder sporadisch – wie der Ehemann Claude Clarac und die Mutter Renée Schwarzenbach – oder gar nicht erscheinen, wie die engsten Freunde Erika und Klaus Mann.

Obwohl *Tod in Persien* hauptsächlich über den dritten Aufenthalt von Annemarie Schwarzenbach in diesem Land –

von Mai bis September 1935 – berichtet und sie sich eben mit Claude Clarac verheiratet hatte, taucht er im Text – geisterhaft – nur einmal und lediglich mit der Nennung des Vornamens auf. So schnell und überstürzt Schwarzenbach ihn geheiratet hatte, so leicht und schnell »verflüchtigte« er sich auch wieder. War er noch von ihr, wie sie sibyllinisch formulierte, als Gegenbeispiel eines »enorm fremdartigen, weil enorm männlichen Wesens«[20] und deshalb einziger für sie in Frage kommender Heiratskandidat gegen den Widerstand der Familie und vor allem der Mutter durchgeboxt worden, offenbarte sich die gesuchte Immunität dieser Ehe mit einem Diplomaten, kaum geschlossen, als Seifenblase.[21]

Schon im ersten Brief an Klaus Mann aus Persien äusserte die frisch Verheiratete, dass für sie nur die »Tätigkeit des Schreibens« zähle und dass sie das »Eigentliche« im Leben nur mit ihm und vor allem mit seiner Schwester Erika erleben könne![22] Trotz schöner Wohnlage in Farmanieh in der Nähe von Teheran[23] und allen materiellen Privilegien einer Diplomatenehe in sonst ärmlicher Umgebung fühlte sich Annemarie Schwarzenbach isoliert und von den damit verbundenen Verpflichtungen überfordert. Die Bekanntschaft mit der Türkin »Jalé« und mit Barbara Hamilton-Wright verstärkte vollends die Entfremdung zu ihrem Ehemann, die in der Trennung von ihm nach dem Persien-Aufenthalt ein Ende fand.

Und Erika und Klaus Mann? Noch von den Ereignissen des »Pfeffermühle-Skandals«[24] emotional gezeichnet, reagierte Klaus auf die Nachricht von der Verlobung Schwarzenbachs mit Clarac mehr als gekränkt: »das wäre – wahrscheinlich – la fin de l'amitié«[25]. Obwohl Annemarie Schwarzenbach sich sofort nach ihrer Rückkehr aus Persien im Dezember 1934 in der »Pfeffermühle«-Geschichte gegen ihre Familie und auf die Seite der beiden Freunde stellte! Als Reaktion auf das Misstrauen von beiden »Parteien« unternahm sie Anfang 1935 einen Selbstmordversuch. Aber weder dieser und erst recht nicht die von den beiden Manns als »Bruderverrat« und Flucht empfundene Heirat[26] konnten das Vertrauen in sie restlos wiederherstellen. Ihre brieflichen Ergebenheitsschwüre und Verlustanzeigen[27] werden von den beiden Freunden zwar akzeptiert. Als Erika Mann aber vom »Skandal in Teheran«, von der schlechten Verfassung der Freundin und ihrer bevorstehenden Rückkehr in die Schweiz hört, gibt es kein Pardon: »Sie wird, denk ich, gerade eintreffen, um in der Schweiz die Kräche gegen uns zu starten (durch schnellen Besuch bei uns und Erbitterung ihrer Mama deswegen) (…) Besser sie bliebe fern.«[28] Die frühere Nähe zu den beiden Freunden scheint sich danach, trotz Versuchen beiderseits, nie mehr ganz eingestellt zu haben.

Klaus Mann, Annemarie Schwarzenbachs »seelischer Ehemann«[29], plant zwar, sie in Persien zu besuchen. Ihr »immer schlechterer psycho-physischer Zustand« und »eine Malaria-Epidemie in Teheran«[30] lassen ihn aber das Vorhaben aufgeben. Trotzdem sinnt er nach ihrer Rückkehr über ein gemeinsames Leben mit der »so Gefährdeten« nach, was aber durch ihre »wunderliche menschliche Unzuverlässigkeit; besser: Unfassbarkeit«[31] in Frage gestellt werde. Ganz nah rührt er mit dieser letzten Charakterisierung am Geheimnis derjenigen, die in Persien »die Hölle an unfasslichen Zuständen«[32] erlebte. Davor und vor sich selbst zurückschauernd, gibt er sich zur Antwort: »Am liebsten freilich wäre ich *sofort* tot.«[33] Aber auch Schwarzenbachs Leitstern Erika kann, angesichts der unfassbaren Vorgänge mit ihrer Freundin in der Ferne, nur noch in die – eigene, dunkle – Rumpelkammer des Psychiatrisierungsvokabulars leuchten: »das Unglückskind, die wirre, irre, grausliche Annemarie«[34].

Wie sehr die Nachwirkungen des Schocks durch den »Pfeffermühle-Skandal« und die damit verbundenen Auseinandersetzungen mit der Familie und den beiden Manns den Grundkonflikt von Annemarie Schwarzenbach zwischen gesellschaftlichem Engagement und privater Glückssuche wieder aufrührten, davon zeugen in *Tod in Persien* hauptsächlich die »Vorbemerkung« und das Russland-Kapitel. Den vielleicht nicht ausgesprochenen, aber in der Luft liegenden Vorwurf der beiden Freunde, den »brennendsten Fragen der Politik« zu entfliehen und das eigene »Ruhebedürfnis« zu bevorzugen, kann sie nicht entkräften, nur als Mahnung an sich[35] in den Raum des Textes stellen. Sie kann nicht kämpfen, aber auch nicht gewissenlos zusehen.

Die auch in diesem Punkt drohende Entfremdung zu den beiden fernen Manns, die Enttäuschung über den ausbleibenden Besuch von Klaus, seine traurigen Nachrichten über die Aufgabe der von ihr geförderten Zeitschrift *Die Sammlung* und den Selbstmord seines Schriftstellerfreundes René Crevel im Sommer 1935, die innerliche Ferne zum nahen Ehemann: all das schürt ihre latente Verzweiflung zur »Hoffnungslosigkeit«. So dass die Öde ihrer Isolation – das Niemandsland zwischen der Mutter und den beiden Manns – immer mehr der beunruhigenden Leere und Fremde Persiens als Schau- und Richtplatz der äussersten (Selbst-)Entfremdung gleicht. Auch unter Berücksichtigung dieser biographischen Hintergründe offenbart sich der »Tod« in Persien in den verschiedensten Facetten. Er ist das Sterben von Menschen (»Jalé«, Crevel), aber auch das Ende von Liebe und Hoffnungen, er ist der Abschied von

Europa und der Untergang von Kulturen, die Angst vor dem Verlust der eigenen Identität und – die Trennung von den Freunden und der Mutter.

Wirklich und ausschlaggebend ist für Annemarie Schwarzenbach, dass der Schatten der Mutter bis nach Teheran und in die Textseiten reicht, um die von ihr prognostizierte (Ehe-)Katastrophe der Tochter zu besiegeln. Diese weint nach ihr, vor Heimweh und weil sie weiss, dass es bei ihrer Heimkehr das frühere Zuhause nicht mehr, ja eine Heimat überhaupt nicht gibt. Die singenden Arbeiter beim Hausbau vor dem Spitalfenster[36] sind auch deshalb für sie eine Tortur. Das Haus draussen entsteht in dem Augenblick, als ihr inneres – zerbrechliches – Gebäude einzustürzen droht.

III

»Kommt man abends in die Karawansereien,
liegen die eingehüllten Leichen
wie riesige tote Heuschreckenkörper
auf den Mauern oder schlafen neben den Lebenden.«[37]
Leo Matthias

Das Verständnis von Persien als *dem* Reise- und Schreibraum für Annemarie Schwarzenbach und somit auch von *Tod in Persien* ist eng mit dem Ursprung, der Form und dem Ziel ihres Reisens überhaupt verbunden. Europa- und Zivilisationsmüdigkeit, Abenteuer- und Erkenntnislust sind Begründungen, die sie teilweise selbst gibt. Und dass sie fern der puritanischen Schweiz und der Familie ihre Beziehungen mit Frauen ungestörter pflegen[38] und überhaupt den Zwängen einer fest umrissenen weiblichen Identität entfliehen konnte, ist unbestritten. Das Reisen ist jedoch für sie vor allem die »Flucht ins Unerreichbare (...), die uns zwingt, Unbequemlichkeit und Einsamkeit auf uns zu nehmen und das gewohnte Leben willkürlich an einer Stelle abzubrechen, ohne dafür einen vernünftigen Grund anzugeben«[39]. Und ist die »Suche nach dem Wesentlichen, für das es keinen Namen gibt«. Aber diese Sehnsucht nach dem Absoluten wird erst richtig in aussereuropäischen Ländern genährt, wo »unsere Massstäbe und Erklärungen nicht mehr gelten«[40]: »diese fernen Gegenden sind genau gemacht um uns zittern zu lassen vor allem, was man nur ahnt u. was einen doch angeht.«[41]

Annemarie Schwarzenbachs Landsmann Rudolf Gelpke, Orientalist, Schriftsteller, Übersetzer aus dem Persischen und ein früher Bewunderer ihres Werkes[42], interpretiert in einem Aufsatz über das »Fernweh« von Europäern, in dem er auch auf Schwarzenbach zu sprechen kommt, das ruhelose Umherirren von »grossen Wanderern und Heimatlosen« wie Arthur Rimbaud oder T. E. Lawrence zu Recht nicht als »Reiselust«, sondern schreibt, ihr Unterwegssein sei »tiefste Sehnsucht nach jener anderen, ewigen Heimat«. Doch die Reise dieser »kometenhaften Einzelgänger« sei »lang«, »und unversehens kann sie zur Flucht, zum tragischen Amoklauf der Verzweiflung werden«.[43] Diese Art von »Reisen« stimmt exakt mit derjenigen von Schwarzenbach überein und kam einem komplizierten und qualvollen, sich selbst und anderen oft rätselhaften Ausloten der inneren und äusseren Abgründe, sprich Fremde gleich. Denn: »weil sie nicht wie eine Ausflüglerin reiste, sondern wie eine Irrende, gab es keine Schranken für ihre Anteilnahme am Fremden«[44].

Doch weshalb bot sich gerade der Orient und speziell Persien als Ort dieser Auseinandersetzung an? Dieses Land war noch zur Zeit der Aufenthalte von Annemarie Schwarzenbach in den dreissiger Jahren ein wenig industrialisiertes Land. Seine archaischen und elementaren (Wüsten-)Landschaften faszinierten und ängstigten zugleich – nicht nur die Schweizerin, sondern auch andere Reisende, wie beispielsweise die englischen Schriftstellerinnen Gertrude Bell und Vita Sackville-West, die vor ihr schon dieses Land besucht hatten.[45] Einige Sätze aus deren Persien-Büchern führen uns ins Zentrum von Schwarzenbachs eigenen Erfahrungen: »in diesem weiten, uralten Land denkt man nicht an den Menschen: er hat auf dieser Erde kaum einen Abdruck hinterlassen«[46]. Und: »die Einfachheit seiner Landschaft ist die erhabene Einfachheit des Todes«; »in Rages gab es nur Einsamkeit, ›und der ersehnte Engel kam nicht mehr‹.«[47] So krass sind in Persien die Gegensätze, zum Beispiel zwischen

Wüsten und Gärten, »dass du mit dem einen Fuss noch in einer dürren Wildnis stehen kannst und mit dem anderen schon in einem schattigen, blumenreichen Paradies«[48].

Aber nicht nur die Landschaften sind extrem, auch den Bewohnern selbst werden derartige Eigenschaften zugeschrieben: »denn es gibt wohl auf Erden kein zweites Volk, das mit abgrundtiefer Skepsis einen so unstillbaren Durst nach dem Absoluten, nach ekstatischer Hingabe und Selbstaufgabe, verbunden hätte.«[49] Annemarie Schwarzenbach bezeichnete die Perser gar als »sehr dichterisch«, die der »Not ihres Daseins« nicht »anders zu Leibe rücken« würden als durch die »Flucht ins Wunderbare«[50], das heisst durch Drogen. Und dass sie zudem »entsetzlich einsam« seien, äusserte die selbst Vereinsamte in einem »Duktus der Klage«, wie viele andere Europäer in Persien, die von diesem Land sprachen, »als seien sie Märtyrer, die nur deshalb hier sind, weil sie zur Busse ihrer Sünden dazu verurteilt wurden«.[51]

Wüste, Garten, Engel, Drogen (die »Hand aus den Wolken«[52]), »Selbstaufgabe«, Einsamkeit, »Duktus der Klage« – diese aus der Sicht der obenerwähnten Europäer anscheinend für Persiens Landschaft, Bewohner und Besucher spezifischen Merkmale finden sich alle in *Tod in Persien* und prägen den Text. Seine Handlung spielt sich buchstäblich zwischen Wüsten und Gärten ab, wobei die zumeist einfachen, ja elementaren Sätze manchmal die Leserinnen und Leser wie die endlosen, geraden Strassen Persiens ins Unbestimmte führen. Auch wir haben, ähnlich der Protagonistin, das Gegensatzpaar Wüste–Garten mit seinen Konnotationen wie Leere, Hitze, Einsamkeit, Angst, Tod – Schatten, Kühle, Glück, Liebe immer »vor Augen«; wir spüren ihr Entsetzen, wenn es sich in ihrem und unserem Innern entfaltet und sich die Unterschiede zu verwischen beginnen …

Selbst der »Versuch einer Liebe« scheint in diesem oft rätselhaften Komplex »Persien« einem archaischen Muster nachgebildet zu sein. Wie der Jüngling »Qeis« in einer berühmten persischen Legende, der wegen seiner unerfüllten grossen Liebe zu »Leila« in die Wüste geht und »Madschnun« (= verrückt) wird, verliert die Protagonistin in *Tod in Persien* »nicht nur die Freundin, sondern auch die Herrschaft über sich selber«[53]. Wie bei »Madschnun«, der dadurch zum Dichter wurde, war dies eine Voraussetzung ihres Schreibens, denn: »Wahnsinn und Dichtertum entspringen wie ein dunkler und ein heller Strahl derselben Quelle, sind Ausdruck der gleichen Verfremdung der Seele«[54]. Und wie seine hat auch ihre Liebe das »Stigma einer Absolutheit« (Gelpke), die erst im Tod die Erfüllung und die Vereinigung mit der Geliebten zu finden glaubt.

Dass die Geschichte einer lesbischen Liebe in diesem Kontext eine unerwartete Lesart erlaubt, verleiht dem Text eine zusätzliche Dimension. Vielleicht vom Mut der Verzweiflung beflügelt, entschloss sich Annemarie Schwarzenbach, in ihrem Text die Liebesgeschichte offen als lesbische zu deklarieren und nicht, wie in all ihren anderen längeren Prosatexten, zu maskieren; in diesem Punkt wollte sie sich nicht auch noch fremd sein. Ob *Tod in Persien* vor allem deshalb »unberührt liegen blieb«[55] und nicht publiziert wurde, kann nicht eindeutig beantwortet werden.[56]

IV

»Persien hat die Wüsten aller Länder
und noch einige mehr.«[57]
Leo Matthias

Den geforderten Freiraum für ihr Schreiben bezeichnete Annemarie Schwarzenbach einmal mit dem »Recht, ›weg-zugehen‹« und sich »in-die-Wüste zu begeben«.[58] Die damit assoziierte Verlassenheit, Öde, Stille und Leere fand sie in Persien, weil diese Merkmale wie keine anderen ihrem vereinsamten und entfremdeten Inneren entsprachen und dort ein Echo aus Worten auslösten. Um das von ihr ersehnte konzentrierte Schreiben zu erreichen, musste sie immer wieder Orte mit ähnlichen Eigenschaften aufsuchen, seien sie in Persien oder – in Afghanistan, Sils oder in einer Klinik.[59] In einer Art Selbst-Verbannung, die in extremis der »weltumspannenden Fremde« – dem Namenlosen – glich, schien der Quell ihres Schreibens am besten zu fliessen.

Der Irrweg der schreibenden Protagonistin endet in *Tod in Persien* im ab- und hochgelegenen Lahr-Tal, am »Ende der Welt«. Umgeben von »ständig rieselnden« Sandhalden, reagiert die Protagonistin mit dem verletzten Fuss, der das Leben wie Sand durch die Hand rinnt, auf ihre innere Einsamkeit haltlos: Sie ist *ausser sich* vor Angst. Doch erst in dieser Situation, ohne »Fluchtwege ins Äussere«, kann »der Mensch den Kampf mit dem Engel bestehen. Ganz allein.«[60] »Am Ende der Kraft«, beginnt sie aber auch ein »unpersönliches Tagebuch«. »Unpersönlich«, weil die äussere Leere des Tals mit dem Ich-Verlust der Erzählerin zusammentrifft. Sie wird, auch sprachlich, von der Entfremdung über*mannt*[61]: Angesichts der »übermenschlichen Grösse«

der Umgebung schrumpft sie zur »Un-Person«. Erst dann, in der Annahme der äussersten Selbst-Verwirrung und Verlassenheit, »ist die Hilfe am nächsten«.[62] Darauf weist sie der Engel[63] hin, der, wie der Vulkan Demawend am Ende des Tales, der Erde *und* dem Himmel angehört, nah und fern zugleich ist und – »unverletzte Füsse« hat. Die Unmöglichkeit, ihn zu berühren, ist die Unmöglichkeit, den Grund ihrer Selbst-Entfremdung zu *erkennen.*

Tod in Persien als sprachliche Manifestation dieser bodenlosen Suche nach sich selbst verwirrt uns durch Offenheit und Ergebnislosigkeit ebenso stark, wie vermutlich die Autorin selbst davon irritiert war.[64] Diese allgegenwärtige »Befremdung« verleiht dem Text aber auch seine unverwechselbare Qualität, indem er für uns zum Spiegel- und zum Sinnbild für die existentielle Verlorenheit des modernen Menschen wird, der »immer und überall ›der Fremde‹ zu sein«[65] scheint.

Zum Glück gibt es am »Ende aller Wege« aber noch – die weisse Seite und das Warten auf die Schrift. Dies ist vielleicht der »Besuch«, den die Protagonistin, zuerst noch fiebernd, dann mit leerem Kopf und in Reichweite einen frischen Bogen Schreibpapier, am Schluss des Textes[66] erwartet, um wieder an den Anfang zurückzukehren und erneut – fieberhaft – zu schreiben.

Auf der Suche nach den »Paradiesen, die unserem Gedächtnis entfallen sind«[67], erweist sich das Schreiben als »furchtbare und wahrscheinlich fruchtlose Anstrengung«, weil man sich »erinnern«[68] müsse. Das Erinnern und Erforschen der verlorenen Sprachwege kommt dem – mühsamen – Ausgraben gleich, dessen seltene Entdeckungen uns manchmal jäh ein bezauberndes oder erschreckendes Bild unseres vergessenen Selbst offenbaren.

Dieses Schreiben als umherirrendes Reisen kann aber auch – inmitten der Öde, der Leere und der weissen Seite – einen Garten, »ein winziges Paradies«[69], schaffen. Dann ist die Sprache einer jener »Zukunftswege«, die den »Gebirgen der Hoffnungen« zustreben. Durch das schwebende Glück eines vollkommenen magischen Bildes hebt sie für einen kurzen Augenblick die Mühseligkeit des Lebens und Schreibens wie auf: »Gläubig lag man, ganz bewegt von Sehnsucht, die schlank wie die weissen Säulen draussen aufwärts strebte, und oben begegneten sich Freude und Traurigkeit – man konnte es lächelnd ertragen.«[70]

Zu oft ist das Schreiben aber nur ein »beständiges Spiegelbild unseres unerlösten Daseins«, weil die Sprache *selbst* die »immer wieder entfremdete Welt«[71] ist und es auch vom geglücktesten Wort immer wieder Abschied zu nehmen gilt.

Was bleibt? Worte, Worte ...: alles und nichts.

Zürich, Juli 1995 *Roger Perret*

Anmerkungen

1 »Die vierzig Säulen der Erinnerung (Cihil Sutun)«, S. 3, in der unveröffentlichten gleichnamigen Prosasammlung, 1939. Typoskript im Nachlass Annemarie Schwarzenbach (= A. S.), Schweizerisches Literaturarchiv, Bern.

2 Paul Valéry: *Windstriche. Aufzeichnungen und Aphorismen.* Frankfurt am Main 1971, S. 48.

3 Vgl. Klaus Mann (= K. M.): *Der Wendepunkt. Ein Lebensbericht.* Reinbek 1984, S. 270–278.

4 Brief an K. M., 4.7.[1934], in: *»Wir werden es schon zuwege bringen, das Leben«. Annemarie Schwarzenbach an Erika und Klaus Mann. Briefe 1930–1942.* Pfaffenweiler 1993, S. 117.

5 Vgl. Ella Maillart: *Der bittere Weg. Mit Annemarie Schwarzenbach unterwegs nach Afghanistan.* Basel 2001.

6 *Tod in Persien* (= TiP), S. 14.

7 Brief an K. M., 4.7.[1934], in: *»Wir werden es schon zuwege bringen ...«*, a. a. O., S. 117.

8 A. S.: »Fast dasselbe Leiden«, in: *Bei diesem Regen. Erzählungen.* Basel 1989, S. 137.

9 Leo Matthias: *Griff in den Orient. Eine Reise und etwas mehr.* Leipzig 1931, S. 223.

10 »George« taucht unter diesem Namen auch noch in anderen Texten auf, wie »Fast dasselbe Leiden«, »Vans Verlobung« und »Eine Frau allein«, in: *Bei diesem Regen,* a. a. O., S. 133–140, 141–160, 177–209, sowie in: *Das glückliche Tal. Roman.* Basel 2006; »Van« ist der Titelheld in »Vans Verlobung« und kommt auch in »Eine Frau allein« vor. Die ebenfalls in TiP porträtierten, namentlich aber nicht genannten Leiter der Ausgrabungen waren Erich F. Schmidt, der, nach der Tätigkeit in Rhages, ab 1935 die Arbeiten in Persepolis leitete, und Ernst Herzfeld, der bis 1934 sein Vorgänger dort gewesen war.

11 Vgl. Brief von Friedrich Krefter, Mitarbeiter von Ernst Herzfeld bei den Ausgrabungen in Persepolis, an R. P., 18.5.1989: »Der junge Mann (...) war der Architekt Bergner, ein Berliner Angestellter von mir, den ich zum Schutz vor den judenjagenden Nazis als meinen Assistenten nach Persepolis geholt hatte. Er hat aber dem seelischen Druck der Zeit doch nicht standgehalten und sich ein paar Jahre später in Isfahan das Leben genommen.« A. S. bestätigt diesen Selbstmord Bergners in Isfahan im *Glücklichen Tal,* wobei sie ihn im Gegensatz zu TiP unter seinem richtigen Namen erwähnt.

12 A. S. erwähnt Regler mehrmals in »Notizen zum Schriftstellerkongress in Moskau«, in: *Auf der Schattenseite. Ausgewählte Reportagen, Feuilletons und*

Fotografien 1933–1942. Basel 1990, S. 35–62. Dass es sich beim Dargestellten mit grösster Wahrscheinlichkeit um Regler handelt, bestätigt K. M.s Schilderung seiner Persönlichkeit im *Wendepunkt,* a. a. O., S. 317: »Mein begabter Freund Gustav Regler (...) ist noch derartig kommunistisch, dass einem vor so viel militantem Glaubenseifer etwas ängstlich zumute wird.« Vgl. auch Gustav Regler: *Das Ohr des Malchus. Eine Lebensgeschichte.* Frankfurt am Main 1975, S. 516: »Ich machte den Eindruck eines starren Marxisten, so scheint es, und war es wohl auch im Gespräch ›nach aussen‹.« Seine Frau Marieluise war die Tochter des Malers Heinrich Vogeler und wuchs im norddeutschen Worpswede auf.

13 Vgl. *»Wir werden es schon zuwege bringen ...«,* a. a. O., S. 128–141.

14 Vgl. Brief an K. M., 26.8.[1935], in: *»Wir werden es schon zuwege bringen ...«,* S. 137f.: »Nun kommst Du also – ich wäre sonst mit meinem türkischen Mädchen, deren Vater uns das Leben unnötig verbittert, nach Stambul abgereist, so überdrüssig war mir alles hier.« Ob »Jalé« der wirkliche Name ist, konnte nicht ermittelt werden. Gemäss *Das glückliche Tal,* a. a. O., S. 155, muss sie Selbstmord verübt haben: »Sie stürzte sich auf das Strassenpflaster der Stadt, in der Du sie erst kürzlich verlassen hast.«

15 Vgl. Brief an K. M., 9.8.1935, in: *»Wir werden es schon zuwege bringen ...«,* S. 136: »Ich beginne jetzt, ein dünnes Heftchen kann es bestenfalls werden, eine Art unpersönliches Tagebuch über dieses Glückliche Tal zu schreiben«. Und TiP, S. 75.

16 Zum Beispiel scheint die Fahrt mit Barbara Hamilton-Wright nach Persepolis erst nach den in TiP geschilderten anderen Ereignissen geschehen zu sein und müsste, rein chronologisch gesehen, am Schluss des Textes stehen.

17 TiP, S. 76.

18 TiP, S. 14.

19 TiP, S. 14.

20 Brief an K. M., 6.4.1935, in: *»Wir werden es schon zuwege bringen ...«,* S. 127.

21 Vgl. zum Thema Ehe Brief von Claude Clarac an R. P., 23.1.1986: »Nous nous étions rencontrés loin de nos familles respectives dans l'atmosphère irréelle du haut plateau iranien (...) Notre décision, à y réfléchir, était folle.«

22 Vgl. Brief an K. M., 19.5.[1935], in: *»Wir werden es schon zuwege bringen ...«,* S. 130f.: »jetzt erst realisiere ich ganz, wie selten u. fast unmöglich es ist, mit einem ›neuen‹ Menschen so zu leben, wie ich es mit Dir ohne jeden Zweifel u. ohne Schwierigkeit u. wie gern vermochte. (...) Dass ich aber, wenn das Leben geregelt, die Umstände angenehm, u. alles im besten Ablauf sich befindet – dass ich dann erst an das ›Eigentliche‹ denke – das ist Erikas Schule.«

23 Vgl. Brief von Claude Clarac an R. P., 23.1.1986: »Nous avions loué le pavillon de réception de la propriété du Prince Firouz qui était entouré d'un beau parc où des eaux vives descendaient de bassins en bassins entre deux rangées de platanes vers des horizons impalpables.«

24 Vgl. »Annemarie Schwarzenbach. Annäherung an ein Porträt« von R. P., in: *Der Alltag*, Zürich 1987, Nr. 2, S. 11.

25 K. M.: *Tagebücher 1934–1935*. Reinbek 1995, Eintrag 30.11.1934, S. 74.

26 Wie A. S. auf die Heirat von Erika Mann mit dem englischen Dichter Wystan H. Auden im Juni 1935 reagierte, die nur wenige Wochen nach ihrer eigenen erfolgte, ist nicht bekannt ...

27 Vgl. Brief an K. M., 21.12.[1934], in: *»Wir werden es schon zuwege bringen ...«*, S. 121: »weil ich dieser Trennung von Erika, *jeder* Trennung von ihr, doch einfach nicht gewachsen bin.« Und: Brief an K. M., 19.5.[1935], S. 130f.: »dass ich vielleicht, weit von Erika entfernt, nicht eben sehr *glücklich* sein könnte (...) dass ein anregender u. netter Bekanntenkreis (den es sogar hier *gibt!*) in keiner Weise die Isolierung vermindert, solange ich von Euch getrennt bin«.

28 Brief von Erika Mann an K. M., 12.10.1935. Auszugsweise Abschrift von Fredric Kroll im Besitz von R. P.

29 Zit. nach Fredric Kroll: »Der schutzlose Engel und ihr Unbehauster: Eine ungeschlossene Ehe«, in: *»Wir werden es schon zuwege bringen ...«*, S. 213.

30 Brief von K. M. an Katia Mann, 21.9.1935, in: K. M.: *Briefe und Antworten 1922–1949*. Reinbek 1991, S. 231.

31 K. M.: *Tagebücher 1934–1935*, a. a. O., Eintrag 14.11.1935, S. 140.

32 Brief an K. M., [27.9.1935], in: *»Wir werden es schon zuwege bringen ...«*, S. 140.

33 K. M.: *Tagebücher 1934–1935*, a. a. O., Eintrag 27.10.1935, S. 140. Diese Seelenverwandtschaft K. M.s mit A. S., die ihn vor ihren Nöten und Abgründen oft zurückweichen liess, könnte auch seine *indifferente* Beurteilung von TiP, das er in Sils zu lesen bekam, beeinflusst haben: *»Material* zu einem interessanten Roman*«* (in: *Tagebücher 1936–1937*. Reinbek 1995, Eintrag 20.6.1936, S. 59). Vielleicht gestand er jedoch dadurch ein, dass der Text, bei aller Fiktion, im Grunde als Notruf und als ein langer – verschlüsselter – (Liebes-)Brief an ihn und an seine Schwester gelesen werden wollte. Den »interessanten Roman« fand er dann aber ebensowenig in der späteren Fassung von TiP, *Das glückliche Tal*, die er als »sehr dünn« bezeichnete.

Sicher war K. M., vor allem hinsichtlich der schriftstellerischen Produktion von Freundinnen und Freunden, nicht immer frei von Konkurrenzdenken. Und dass er mit einem konventionellen Literaturbegriff bei der obenerwähnten Reaktion auf TiP agierte und selbst um die Zeit von dessen Entstehung – 1935 – einen diesem Begriff ziemlich entsprechenden Roman – *Symphonie pathétique* – veröffentlichte, zeigt auch, dass der hervorragende Kritiker K. M. seinen hohen Ansprüchen an fremde Texte in seinen eigenen dichterischen Werken oft nicht gerecht werden konnte.

34 Brief von Erika Mann an Katia Mann, 14.9.1935. Auszugsweise Abschrift von Fredric Kroll im Besitz von R. P.

35 Die Krise in Persien und die Bekanntschaft mit Barbara Hamilton-Wright hat auf die Politisierung von A. S. wie eine Katharsis gewirkt. Nach der Rückkehr in die Schweiz und der Niederschrift von TiP im Jahr 1936 schrieb sie in den nächsten drei Jahren keinen einzigen dichterischen Text, sondern arbeitete vor allem als engagierte (Foto-)Journalistin. Das Ergebnis ihrer Reportagereisen in die USA, nach Deutschland, Österreich und in die Tschechoslowakei etc. waren zahlreiche Artikel und Fotografien. Vgl. A. S.: *Auf der Schattenseite,* a. a. O., S. 89–204, und *Jenseits von New York. Ausgewählte Reportagen, Feuilletons und Fotografien aus den USA 1936–1938.* Basel 1992.

36 TiP, S. 182f.; 186.

37 L. Matthias: *Griff in den Orient,* a. a. O., S. 292.

38 Die längsten Reisen hat A. S. oft mit Frauen unternommen, so in die USA (1936–1938) mit Barbara Hamilton-Wright, nach Afghanistan (1939) mit Ella Maillart und nochmals in die USA (1940) mit Margot von Opel. Und in Berlin (1931–1933) entdeckte sie »ein Zentrum der lesbischen Welt« (Ilse Kokula).

39 *Winter in Vorderasien. Tagebuch einer Reise.* Zürich 1934, S. 64.

40 TiP, S. 14.

41 Brief an Erich Maria Remarque, 7.11.1933. Fotokopie im Besitz von R. P.

42 Vgl. Brief von Gelpkes Frau, Li Gelpke, an R. P., 7.4.1987: »Rudi und ich lasen, mit 22 Jahren, Freunde um Bernhard und das glückliche Tal. Wohl war eine grosse Seelenverwandtschaft zwischen ihm und A. Schwarzenbach. Er glich ihr ja auch, rein äusserlich.« Leider ist das interessante Werk von Rudolf Gelpke (1928–1972), der jahrelang in Persien gelebt hat und sogar zum Islam übergetreten war, ziemlich vergessen und teilweise unpubliziert. Gerade eine Untersuchung über seine Persien-Erfahrungen, die auch den Konsum von Drogen beinhalteten, und ein Vergleich seines Bildes dieses Landes mit demjenigen von A. S. wäre sicher aufschlussreich.

43 »Flucht aus Europa?«, in: *Politische Rundschau,* Bern, August 1953, Heft 7.

44 Arnold Kübler: »Annemarie Clarac-Schwarzenbach zum Gedächtnis«, in: *Du,* Zürich, März 1943, Nr. 3.

45 Gertrude Bell besuchte Persien 1892, Vita Sackville-West 1926/27. Zumindest das Leben und Werk von Bell scheint A. S. bekannt gewesen zu sein, erwähnt sie die Engländerin doch in *Winter in Vorderasien.* Sie hat 1934 auch einen Aufsatz – oder eine Geschichte – über sie geschrieben, der jedoch verschollen ist. Vgl. »Nachwort« von R. P. in: *Bei diesem Regen,* a. a. O., S. 237–239.

46 Vita Sackville-West: *Eine Frau unterwegs nach Teheran. Eine Reiseerzählung.* Frankfurt am Main 1993 (engl. Erstausgabe 1926), S. 79.

47 Gertrude Bell: *Persische Reisebilder.* Hamburg 1949 (engl. Erstausgabe 1894), S. 9, 21.

48 G. Bell: *Persische Reisebilder,* a. a. O., S. 25.

49 Rudolf Gelpke: *Vom Rausch im Orient und Okzident.* Stuttgart 1982, S. 51.

50 *Winter in Vorderasien,* a. a. O., S. 137.

51 V. Sackville-West: *Eine Frau unterwegs nach Teheran,* a. a. O., S. 85. Vgl. auch Brief von Li Gelpke, die selbst mehrmals in Persien war, an R. P., 7.4.1987: »So weiss ich, dass nur ganz starke Europäer (psychisch stark!) diese dortige Welt verkraften.«

52 *Winter in Vorderasien,* S. 145; TiP, S. 187.
Dass die Drogen in A. S.s Komplex »Persien« eine besondere Bedeutung haben, zeigt der Brief an K. M., [22.5.1938], in: *»Wir werden es schon zuwege bringen ...«,* S. 168: »dass Thun (= Morphium; R. P.) nicht primär, sondern die Folge einer tödlichen Lebensangst sei, u. jener Neigung zum Entgleiten, die mich in das persische Abenteuer trieb, u. einer Sucht ins Dunkle, die wir beide, Du u. ich, nur allzu gut kennen.«

53 Nizami (1141–1202/03): *Leila und Madschnun.* Erstmals aus dem Persischen verdeutscht und mit einem Nachwort versehen von Rudolf Gelpke. Zürich 1963, S. 23. Manche Sätze in diesem Text könnten auch in TiP stehen, wie: »Ja, er sah nicht einmal, dass ihn die Menschen umringten. Es war, als habe er seinen Namen aus dem Buch der Welt herausgerissen – so, als sei er ins Nichts gefallen, als gehöre er nicht mehr zu den Lebendigen und noch nicht zu den Gestorbenen« (S. 42). Oder: »Familie und Heimat – wo sind sie? Kein Weg führt dorthin zurück, auch keiner zur Freundin« (S. 43).

54 Zit. nach »Nachwort« von Rudolf Gelpke, in: *Leila und Madschnun,* a. a. O., S. 327.

55 Brief an Alfred Wolkenberg, 4.1.1939. Brief im Besitz von R. P.

56 Obwohl A. S., gemäss dem obenerwähnten Brief an Alfred Wolkenberg, eine Publikation von TiP nicht in Betracht gezogen zu haben scheint, gibt es Informationen, welche diese Version zumindest nicht untermauern. Einem Gerücht zufolge wollte der Verlag Oprecht in Zürich TiP veröffentlichen, was aber am Einspruch von A. S.s Mutter gescheitert sei. Gemäss Brief von Emmi Oprecht an R. P., 30.10.1985, konnte sich diese aber an dieses fünfzig Jahre zurückliegende allfällige Verlagsprojekt nicht erinnern. Ein konkreteres Zeugnis für eine geplante Publikation ist der Artikel »Neue Bücher von Frauen für Frauen« von Ola Alsen, in: *Sie und Er,* 1937, Nr. 8, mit einer rätselhaften Passage über ein neues Buch von A. S., das nie veröffentlicht wurde: »Sie lebte zuletzt in Persien, mit wissenschaftlichen Arbeiten beschäftigt, deren Resultate sie in ihrem neuen Buch niederlegt.« Zwar war A. S. in Persien mit archäologischen Arbei-

ten beschäftigt, die man, etwas frei interpretiert, als »wissenschaftlich« bezeichnen kann, aber ein spezifischer Text zu diesem Thema existiert nicht. Es können also nur entweder die Erzählungen im Band *Bei diesem Regen* oder TiP gemeint sein, in denen die archäologischen Erfahrungen erwähnt werden. Der letzte abgeschlossene Text war jedoch TiP, auch wenn sich A.S. noch 1936 um die Publikation der Erzählungen bemüht hatte.

Ein Grund, dass A.S. TiP nicht wegen der mangelnden literarischen Qualität (siehe jedoch K.M.s »Kritik« an TiP in Anm. 33), sondern wegen der unverhüllten lesbischen Liebesgeschichte nicht publizieren wollte oder konnte, könnten die negativen Reaktionen auf die – allerdings maskierte lesbische Liebe – in einem früheren Buch gewesen sein. Vgl. Brief an Verlag Rascher, 7.7.1934 (auszugsweise Abschrift im Besitz von R.P.): »Sie bemerken durchaus richtig, dass ›gewisse Hemmungen‹ (betreffend die eher unpersönliche Schreibweise von *Winter in Vorderasien;* R.P.) vorliegen (...) das ist das Resultat meiner ›Lyrischen Novelle‹, die zu bekenntnishaft ausgefallen war, was besonders das Schweizer Publikum mir übel nahm.« Die Veränderung der weiblichen Ich-Figur in TiP in eine fast geschlechtslose in der späteren publizierten Fassung *Das glückliche Tal* war sicher auch eine späte und erneute Reaktion auf diese Kritik und vielleicht auf die obenerwähnten allfälligen Einwände der Mutter bezüglich der ersten Fassung. Siehe auch Anm. 64 und »Zur Edition«.

57 L. Matthias: *Griff in den Orient,* a.a.O., S. 3.

58 Brief an K.M., 1.8.1940, in: *»Wir werden es schon zuwege bringen ...«,* S. 183.

59 A.S. schien für das Schreiben gerade von solch persönlichen und schwierigen Büchern wie TiP und *Das glückliche Tal* einen äusseren und inneren Rahmen nötig zu haben, der mit der oft verzweifelten Stimmung bzw. Erinnerungen in diesen Persien-Texten selbst übereinstimmte, sie vielleicht sogar radikalisierte. So fällt auf, dass sich die eigentliche Niederschrift von TiP in Sils von Januar bis März 1936 in einer fast »persischen Niedergeschlagenheit« vollzog, wie ein – zufällig? – in das Typoskript von TiP hineingelangter Anfang eines Briefes aus Sils, 17.2.[1936], an eine englische Freundin in Persien zeigt: »Dear Marjorie, I'm sad to death«. Vgl. auch Brief betreffend den Schreibprozess von *Das glückliche Tal* an Alfred Wolkenberg, 4.1.1939: »Die Trostlosigkeit von damals, die unsägliche Unruhe von heute lösen sich ab, das persische Tal wandelt sich zur bewohnten Erde, die lokale Ausweglosigkeit des Morphiums (das ich auch im alten Manuskript [TiP; R.P.] nicht beim Namen nannte) wird zum Problem, wie man leben, wie man es ertragen soll. (...) nun kann ich, was mit der Klinik zusammenhängt, nicht mehr von der anderen Qual unterscheiden: schreiben zu wollen, um jeden Preis.«

60 Zit. nach »Vorwort« von Rudolf Gelpke, in: R. Gelpke: *Ewiges Morgenland. Nachdichtungen orientalischer Poesie und Prosa aus arabischen und persischen Originaltexten.* Basel 1982, S. 9.

61 Verglichen mit den anderen Kapiteln, kulminiert im Kapitel »– und ein Mensch am Ende seiner Kraft«, TiP, S. 41ff., der Ich-Verlust im exzessiven Gebrauch des indefiniten Pronomens »man«, während das Personalpronomen »ich« fast nicht verwendet wird.

62 TiP, S. 199.

63 Dass A. S. die Figur eines Engels benützt, um ihre eigene schwierige Situation aus einer anderen Perspektive zu beleuchten, hat, neben der literarischen Tradition, vielleicht auch mit ihrem androgynen und engelhaften Aussehen, ja Wesen selbst zu tun. Dies verleitete Erika und Klaus, aber auch Thomas Mann, in ihrer Charakterisierung A. S.s oft den Terminus »Engel« zu benützen, wobei die Bezeichnung »beau visage d'un ange inconsolable« des französischen Schriftstellers Roger Martin du Gard fast schon zu einem ihrer Markenzeichen geworden ist.
Die Funktion des Engels in TiP hat aber auch eine gewisse Ähnlichkeit mit der »Gestalt des Gottesboten« »Chezr«, der in einer der »sieben Geschichten der sieben Prinzessinnen« (Zürich 1959) des obenerwähnten persischen Dichters Nizami vorkommt: »Er taucht auf, um den in der Wüste verirrten, von Dämonen genarrten Sucher heimzugeleiten. Er erscheint diesem in der Gestalt eines *schöneren* Doppelgängers, denn er ist die Verkörperung des ›wahren Selbst‹, jenes unzerstörbaren Kerns, der alle Verkleidungen der ›Triebseele‹ überdauert« (zit. nach R. Gelpke: *Vom Rausch im Orient und Okzident,* a. a. O., S. 94). In diesem Zusammenhang war vielleicht A. S.s grösstes Problem, dass ihr Innerstes von anderen Menschen, wie ihr »persischer Engel« von ihr, nicht berührt werden konnte.

64 Diese Irritation versuchte A. S. in *Das glückliche Tal* zum Teil zu beheben, indem darin ihre »orientalischen Erinnerungen« »gewissermassen abgeklärt, gedeutet, symbolisch umgewandelt« (Brief an K. M., Ende Januar 1939, in: *»Wir werden es schon zuwege bringen ...«,* S. 172) wurden. Diese »Selbstdeutung« A. S.s mittels einer stark rhythmisierten, aufgeregten und manchmal pathetischen Sprache vollzog sich im Zeichen einer, im Gegensatz zu derjenigen in TiP, verzweifelt nach positiven Werten ausschauenden Lebenshaltung im Zuge ihrer Drogenentziehungskur, was sich zum Beispiel im positiven Schluss des *Glücklichen Tales* zeigt. Diese »neue« Position und vor allem die Änderung des negativ belasteten Titels könnten aber auch eine – vielleicht unbewusste – Anpassung an die zur Zeit der Niederschrift herrschende konservative Stimmung der Geistigen Landesverteidigung gewesen sein. Siehe auch Anm. 56 und »Zur Edition«.

65 R. Gelpke: »Flucht aus Europa?«, in: *Politische Rundschau,* a. a. O. Die Bemerkung ist auf *Das glückliche Tal* gemünzt.

66 TiP, S. 206f.

67 »Das Wunder des Baums. Roman« (22.10.1941–20.2.1942), S. 344. Unveröffentlichtes Typoskript im Nachlass A. S., Schweizerisches Literaturarchiv, Bern.

68 TiP, S. 76.

69 G. Bell: *Persische Reisebilder,* a. a. O., S. 31.

70 TiP, S. 63.

71 »Die vierzig Säulen der Erinnerung«, a. a. O., S. 3.

Bildnachweis

1. Umschlagseite: Annemarie Schwarzenbach: Persien, Jäzdi Chast. Schweizerische Nationalbibliothek, SLA-Schwarzenbach-A-5-07/118.

4. Umschlagseite: Annemarie Schwarzenbach: Persien, Persepolis, Ruinen. Schweizerische Nationalbibliothek, SLA-Schwarzenbach-A-5-07/138.

Seite 7: Annemarie Schwarzenbach: Persien, Barbara Hamilton-Wright steht vor dem Automobil von Annemarie Schwarzenbach, aufgenommen auf der Fahrt von Isfahan nach Schiras. Schweizerische Nationalbibliothek, SLA-Schwarzenbach-A-5-07/073.

Ausgewählte Fotografien (1–78): Die Fotografien wurden dem Bildnachlass im Schweizerischen Literaturarchiv entnommen. Er ist seit 2017 frei verfügbar auf https://commons.wikimedia.org/wiki/Category:CH-NB-Annemarie_Schwarzenbach.

Seite 159: Schweizerisches Literaturarchiv, Bern.

Zur Edition

Die ungekürzte Druckfassung wurde nach dem unveröffentlichten Typoskript von »Tod in Persien« im Nachlass Annemarie Schwarzenbach im Schweizerischen Literaturarchiv in Bern erstellt. Der Text entstand im August 1935 im Lahr-Tal und von Januar bis März 1936 in Sils. Da der Titel »Tod in Persien« von Schwarzenbach im Typoskript vermutlich erst kurz vor der Niederschrift der zweiten Fassung im Winter 1938/39 gestrichen und handschriftlich durch »Das glückliche Tal« ersetzt wurde, wird er – auch zur besseren Unterscheidung von diesem – beibehalten.

Offensichtliche Fehler und stilistische Mängel wurden korrigiert. Die eigenwillige Zeichensetzung wurde, wenn möglich, belassen.

Die Publikation von *Tod in Persien* war bereits 1987/88 als Beginn der Schwarzenbach-Werkausgabe im Lenos Verlag geplant gewesen. Wegen der 1987 von Charles Linsmayer besorgten Veröffentlichung der zweiten Fassung, *Das glückliche Tal,* musste sie verschoben werden. Da wir nach wie vor von der Qualität und Eigenständigkeit der »sachlicheren« ersten Fassung im Vergleich zur »überpersönlich-mythisierenden, hymnisch-rhapsodischen Gestaltungsweise« (Linsmayer) des *Glücklichen Tales* überzeugt sind, soll *Tod in Persien* in unserer Werkausgabe erscheinen. Die Öffentlichkeit kann nun endlich selbst die Vorzüge und Mängel der jeweiligen Fassung beurteilen (siehe zum Verhältnis der beiden Fassungen auch die Anmerkungen 56 und 64 zum Essay des Herausgebers).

Bestärkt in unserem Vorhaben, *Tod in Persien* zugänglich zu machen, wurden wir nicht zuletzt durch das anhaltend grosse Interesse an Leben und Werk von Annemarie Schwarzenbach, in der Schweiz, aber vor allem in Deutschland und Frankreich, das sich explizit durch universitäre Forschungsarbeiten, bereits veröffentlichte oder geplante Biographien und Übersetzungen manifestiert.

Der Herausgeber

ANNEMARIE SCHWARZENBACH IM LENOS VERLAG

Alle Wege sind offen
Die Reise nach Afghanistan 1939/1940
Herausgegeben und mit einem Essay von Roger Perret
Erweiterte Neuausgabe mit unveröffentlichten Texten, Briefen und Fotografien
(mit 72 Fotos von der Autorin und 22 weiteren Fotos und Abbildungen)
344 Seiten, Klappenbroschur
ISBN 978 3 03925 011 0

»Der hochbegabten und frühverstorbenen Autorin verdanken wir diese lebensvollen Aufzeichnungen aus einem längst versunkenen Orient.«
Frankfurter Allgemeine Zeitung